国际化人才培养途径

白秀秀　祝政杰　尹永福 ◎ 著

吉林出版集团股份有限公司

版权所有　侵权必究

图书在版编目（CIP）数据

国际化人才培养途径 / 白秀秀，祝政杰，尹永福著
. — 长春：吉林出版集团股份有限公司，2023.6
　ISBN 978-7-5731-3556-8

Ⅰ．①国⋯　Ⅱ．①白⋯　②祝⋯　③尹⋯　Ⅲ．①人才培养－研究－中国　Ⅳ．①C964.2

中国国家版本馆CIP数据核字（2023）第111997号

国际化人才培养途径

GUOJIHUA RENCAI PEIYANG TUJING

著　　者	白秀秀　祝政杰　尹永福
出版策划	崔文辉
责任编辑	徐巧智
封面设计	文　一
出　　版	吉林出版集团股份有限公司
	（长春市福祉大路5788号，邮政编码：130118）
发　　行	吉林出版集团译文图书经营有限公司
	（http://shop34896900.taobao.com）
电　　话	总编办：0431-81629909　营销部：0431-81629880/81629900
印　　刷	廊坊市广阳区九洲印刷厂
开　　本	710mm×1000mm　　1/16
字　　数	236千字
印　　张	11
版　　次	2023年6月第1版
印　　次	2023年6月第1次印刷
书　　号	ISBN 978-7-5731-3556-8
定　　价	78.00元

如发现印装质量问题，影响阅读，请与印刷厂联系调换。电话15901289808

前　　言

高职国际化人才的培养有着极其重要的意义：一方面，学校集中优势、创新模式大力培养人才以满足国家战略需要，推动互联互通的建设；另一方面，通过教育资源的输出和引进来相互传播文化、增进文化认同、促进民心相通目标的实现。契合倡议培养复合型人才，对各高职院校是机遇也是挑战。目前，高等职业教育得到了较好的发展，成为我国高等教育的重要组成部分。高职教育表现出了一些明显的特点，有就业导向明确、人才培养模式实用有效等，但高职教育在很多方面仍处于摸索和完善中。

本书就当前高校国际人才培养的状况，阐述了国家战略下国际人才培养的重要性以及存在的问题，并对国际人才培养理论以及创新发展的策略展开详细探究，以期为我国高校国际人才培养发展提供相应的理论参考，促进高校教育发展。

尽管笔者在撰写过程中付出了不懈的努力，但限于水平，书中难免存在疏漏差错之处，敬请读者提出宝贵意见，以便日后修改补正。

目 录

第一章 高职教育的重要性 ... 1
第一节 研究的意义和价值 ... 1
第二节 国内外研究的现状及趋势 ... 2
第三节 高职就业质量情况分析 ... 3
第四节 国际化职业人才培养重要性概述 ... 5

第二章 高职国际化人才培养中存在的问题及重构 ... 7
第一节 国际化人才培养问题 ... 7
第二节 国际化人才培养重构策略 ... 10

第三章 大学生可持续发展培养模式改革创新的理论分析 ... 32
第一节 立足现实与面向未来：对高等教育目的的思考 ... 32
第二节 改革与创新：大学生可持续发展培养模式改革创新基本理念 ... 35
第三节 大学生可持续发展培养模式改革创新基本思路 ... 37
第四节 自主与开放：财经大学生培养模式改革与创新 ... 43

第四章 高校特色专业群人才培养模式改革与创新 ... 48
第一节 立足高等教育新时代，开发高校特色专业群建设新范式 ... 48
第二节 以"立德树人"为根本，创新高校特色专业群人才培养模式 ... 52
第三节 基于数字建造"三新"驱动，优化高校特色专业群课程体系 ... 56
第四节 弘扬大国工匠精神，创建陕西交院特色专业群文化品牌 ... 60
第五节 陕西交院特色专业群教学举措 ... 63

第五章 大学生培养模式总体设计 ... 68
第一节 背景与依据 ... 68

第二节　高校大学生可持续发展培养模式的内涵与特征 …………… 77

　　第三节　大学生培养模式创建思路 ………………………………………… 81

第六章　培养方案形成模式改革与创新 …………………………………… 84

　　第一节　大学生培养目标的确立 …………………………………………… 84

　　第二节　大学生培养方案的构建模式 ……………………………………… 89

　　第三节　大学生培养方案的形成机制 ……………………………………… 94

　　第四节　大学生培养方案的基本设计 ……………………………………… 98

第七章　新时代"一德四能"国际化创新型人才培养的理论探索 …… 101

　　第一节　强化自主学习，提升学习能力 ………………………………… 101

　　第二节　培育团队精神额，提高合作能力 ……………………………… 113

　　第三节　开阔国际视野，提升交流能力 ………………………………… 123

第八章　国际化创新型地学人才培养的实践 …………………………… 137

　　第一节　互动式实验教学 ………………………………………………… 138

　　第二节　递进式野外实践 ………………………………………………… 143

　　第三节　团队化课题培养 ………………………………………………… 150

　　第四节　双语化课堂教学 ………………………………………………… 156

　　第五节　国际化联合培养 ………………………………………………… 161

参考文献 …………………………………………………………………………… 168

第一章 高职教育的重要性

"政策沟通,设施联通,贸易畅通,资金融通,民心相通"是"一带一路"倡议的精髓。推进这一要旨的实现和发展,需要保证语言的沟通,这就对高职外语教育提出了现实要求,不仅需要语言人才,更需要大量在精通外语的基础上兼具专业知识、职业技能、国际视野、创新思维等素养的复合型人才。然而,我国现阶段对国际化职业人才的培养还存在着一些外语语种单一、教学方式单调、师资力量匮乏等问题。"人才供需"的不匹配将会对倡议建设的推进和效果产生深远的影响。对接"一带一路"倡议,政府、企业、行业、学校等多方努力、相互协作,重构国际化职业人才培养的环境生态,为战略发展贡献人才保障。

第一节 研究的意义和价值

一、学术价值

有助于在理论上深度挖掘与系统考察当下国际化职业人才的深刻内涵、供需现状、培养模式,推进国际化职业技术人才"契合战略"与"制度建设""模式选择"研究的统一和深化。

二、应用价值

有助于各高职院校聚焦自身优势,精准特色定位,形成错位发展的人才培养格局;有助于推动教育资源共享,增加文化互认,促进民心相通;有助于进一步优化教育资源的有效供给,指明人才培养方向,提升人才培养的质量;实现我国对"一带一路"沿线各国输出和引入优质教育资源和人才的引领，推进倡议建设。

第二节 国内外研究的现状及趋势

一、国内研究

在高等教育国际化发展进程的研究方面，学者们对照一定的标准从时间上进行划分，认为发展可分为五个阶段。从发展动因和发展目标来考察，可分为20世纪前后两个阶段（史贵全，1996）。20世纪90年代前后，大学国际化的形式从片段式、个体式的非组织策略性活动逐渐转变为国家和大学两个层面的有组织的行政与市场行为，我们可以20世纪90年代作为分水岭来认识高等教育国际化的发展历程（戴晓霞，2004）。

在研究内容上，林金辉（2010）、周满生（2008）、李岩松（2009）等许多学者着重关注职业人才的国际化培养模式，他们认为我国高等教育国际化合作交流与经济全球化相吻合；朱懿心（2004）、许海东（2008）指出，中外合作办学是我国教育的重要补充形式，可以改变教育资源不足的状况，可以提升我国人才国际化就业的能力；张慧波（2011）、张民选（2010）、曾涛（2010）、杨若凡（2003）等学者认为高职院校应紧密与就业市场结合，拓展国际合作办学途径，调整国际合作办学方式；万金保（2005）指出高职教育在坚持本土特色的同时还要突破为地方建设服务的圈子，实现人才培养模式的国际化；刘建湘（2003）强调树立现代教育观念，深化教学改革，培养现代化、国际化技术应用型人才；王玉香（2009）认为随着社会经济结构的调整与高等职业教育的均衡发展，高等职业教育的国际化发展就成为一种必然的趋势。

二、国外研究

在高等教育全球化标准方面，影响高等教育全球化的重要因素有：第一，信息和通信技术的发展；第二，知识社会的发展；第三，经济全球化；第四，当今世界在地理结构和治理制度上的改变；第五，市场经济的发展。美国教育委员会以四个指标衡量大学国际化标准：制度支持、员工政策、机遇、国际学生。有日本学者指出，通用性、交流性、开放性是当代大学国际化的标准。

国外学者倾向于对国际交流合作的研究，温蒂·陈于2004年在《高等职业教育的国际合作：理论与实践》一文中表示，在教育竞争环境日益激烈的背景之下，加强高等职业教育彼此间的合作和交流是高等职业教育未来可持续发展的必然趋势；Jeroen Huisman and Marijk van derwende（Eds.）于2004年发表《竞争与合作：国家与欧盟的高等教育国际化政策》，强调世界的高等职业院校在面对经济全球化和教育国际化的影响时，需要做出回应和采取措施，特别是需要在高职院校内进行多边的国际化合作交流活动；Tristan Bunuel于2006年发表的《日益规范化的教育国际化联合培养》一文中指出西方各国的高等学院开展了学院联盟培养，并逐渐发展成为一种办学趋势。

总体上看，目前国内外研究存在着以下几个问题：（1）对高职国际化人才培养的校内外政策、制度环境未有涉及，或者不全面，而解决这一问题是推动高职培养人才的前提和基础。（2）在"一带一路"倡议下，国际化职业人才的培养方向一定要与之契合，而不仅仅是迎合就业市场，这一点需要纠正。（3）以往的研究受到条件限制，大多从人才培养模式、国际化交流合作等方面进行阐述，未能从培养环境生态的深度来探究优化教育供给策略，这样的研究成果缺少创新元素、缺乏指导实践作用，难以推动高职国际化人才培养研究的深入。

第三节　高职就业质量情况分析

就业质量是衡量一个院校、一个地区、一个国家在某一个层级学历教育的成果，是育才模式、教学理念、课程设置、需求对接、人才交流等要素的综合反映。其优劣程度在一定范围内就等同于高职院校在"一带一路"建设中的贡献大小。评判就业质量的指标众多，根据不同的需要选择相应的指标，本节采用就业率、月收入、母校满意度、雇主满意度等七项指标，以江苏省为例进行分析。2017年与2016年"计分卡"数据对比显示，江苏高等职业院校（以下简称"江苏高职"）七项就业指标均稳中有升，月收入、母校满意度、雇主满意度、毕业三年职位晋升比例指标增幅显著。

表 1-1 记分卡

序号	指标名称	单位	2016 年	2017 年	增量
1	就业率	%	95.50	95.84	0.34
2	月收入	元	3228.94	3480.77	251.83
3	理、工、农、医类专业相关度	%	66.19	69.38	3.19
4	母校满意度	%	95.40	96.45	1.05
5	自主创业比例	%	2.77	2.78	0.01
6	雇主满意度	%	94.95	97.10	2.15
7	毕业三年职位晋升比例	%	55.24	59.25	4.01

注：2017 年"毕业三年职位晋升比例"统计的是 2014 届毕业生数据，2017 年其他指标为 2016 届毕业生数据。

数据来源：江苏省高等职业教育质量年度报告（2018）

一、就业率

在全国高职毕业生平均就业率持续下降的背景下，江苏高职近三届毕业生就业率稳定在 95% 以上，并保持小幅增长，比全国高职平均就业率分别高出 8.23、11.57、16.62 个百分点，领先幅度逐年上升。

二、月收入

江苏高职近三届毕业生月收入持续增长。2016 届毕业生月收入为 3480.77 元，比 2015 届提高 251.83 元，增幅达 7.80%。

三、满意度

江苏高职近三届毕业生雇主满意度均数超过 95%，2016 届毕业生雇主满意度比 2015 届提高了 2.15 个百分点。近三届毕业生母校满意度持续增长，2016 届毕业生母校满意度比 2015 届提高了 1.05 个百分点。

四、职业发展

江苏高职 2014 届毕业生毕业三年职位晋升比例达 59.25%，近六成毕业生毕业三年内实现了职位晋升，比 2013 届上升 4.01 个百分点，呈现出较强的职业发展能力。

第四节　国际化职业人才培养重要性概述

一、国际化职业人才界定

国际化职业人才简单来说是具备专业技术技能、国际化视野和国际化背景知识的复合型人才，即兼具外语特长、"既专又宽"的专业知识和职业技能以及适应性强的综合素质。具体来说，可以分为以下五个指标：①扎实的语言功底——这是国际化的首要条件；②"既专又宽"的专业知识结构——过硬的专业知识，丰富的背景知识，"T"形知识架构；③过强的实践应用能力——高职教育本身就定位了一线技能应用工作的性质，因此较强的职业、语言应用能力是高职人才必备的素质；④创新思维——需要新思维、新方法去攻坚克难，处理新问题；⑤国际化视野——国际化竞争需要跨文化的交际和谈判能力，才能稳妥应对各种复杂情况、提升自身和所在单位的综合竞争力。

二、人才培养途径

国际化高技能型人才的培养对高职院校人才培养模式提出了更高、更具体的要求。面对"一带一路"带来的机遇和挑战，路径选择至关重要：一是更新教学理念——吸收国内外教育先进的理念，结合学校实际，形成自身特色鲜明、适应新时代、可持续发展的教学理念；二是科学制定教学模式——除常规的专业课程、外语教学外，增加实训、国际化实践的学时占比，将通晓地区语言和熟悉当地政治环境、文化风俗、地理人文的职业人才作为培养方向和目标；三是充沛的师资配备——通过本校教师的深造和人才引进以及"双师型"教师体制的建立等措施，强化、优化教师队伍；四是把脉"一带一路"发展，精准布局——依据倡议发展蓝图，高职院校制定与"一带一路"高匹配度的人才培养规划，满足就业和企业发展的需求。

三、民心相通目标的实现

"一带一路"的推进过程也是多元文化从碰撞到认同、融合的过程。作为综合国力的重要组成部分，文化软实力是沿线各国相互友好合作的心理桥梁，能促进民众相互认知和协作。通过讲好中国故事、教育输出和引进等方式来传播文化思想，有利于促进中外相互间的文化认同，以古海陆丝绸之路为基础，彼此历史交融、现实辉映，缔结民众情感纽带，形成推进人类社会共同理想和美好追求目标实现的合力。以"包容互助，寻求共识,互惠共赢"的合作基调,助力各国培养相互了解、认可、友好的国际化高技能型人才,夯实人类命运共同体、责任共同体实现的基础。

第二章 高职国际化人才培养中存在的问题及重构

第一节 国际化人才培养问题

我国的外语教育集中在一些主流语言上，对小语种教学涉及范围不广、规模不大；在专业设计方面，往往以就业形势为导向，迎合趋势而弱化自身特色，专业布局不科学。由于对国家战略把握不够，人才培养与倡议需求契合度不高，当前人才培养环境生态的改善仍跟不上"一带一路"建设的步伐。

一、高职外语教育自身的局限

（一）就业方面

相比于其他技术类和文科类专业，原则上外语类可以从事绝大部分对口母语的工种，然而缺少具体专业依附，尤其是小语种，因市场需求小，其就业形势并不乐观，往往因报考人数少而影响学校的招生规模。

（二）延续性问题

我国中学外语教育以英语、俄语、日语为主，高职小语种与中学外语在内容上没有衔接，需要学生从头开始学习一门新的外语。脱节带来学制短、学时少的硬伤和学习兴趣不浓的隐患，从而影响教学效果。

（三）生源层次

高考模式是我国考生继续求学的分水岭，相对于本科来说，高职生源总体素质较差，尤其是学习能力不强，加剧了高职国际化人才培养的难度。

二、结果导向的影响

招生情况和就业形势直接影响着学校的专业设置和师资配置,"高等教育服务地方经济发展",学校以此为由开设热门专业、重新调配资源的情况屡见不鲜。由于缺乏统筹规划,市场需求小、就业难的冷门专业一段时期内无人问津成为常态。或因对政治、政策敏感度不够,加上专业建设本身需要一定的周期,造成高职国际化职业人才的紧缺,并在一段时期内延续。

三、学校资源匮乏

(一)师资力量不足

1."量"方面

作为国际通用语言,英语社会认可度极高,我国英语教育起步早、规模大,学校师资充足。而小语种的情况就不容乐观了。以云南丽江师专为例,云南毗邻老挝、缅甸、越南,与泰国相望,是"一带一路"的重要节点,边境贸易发达。按常理推断,云南的上述四国语言教育应相当完善。然而事实并非如此,丽江师专仅有泰语和老挝语教师2名,师资力量极为薄弱,小语种教育现状堪忧。

2."质"方面

在高职院校中,普遍存在"双师"素质总体不高、缺乏大师名师有力支撑现状:高职教育需要的"双师型"教师与政府部门认定的高层次人才不匹配,缺乏在行业、专业领域具有话语权的技能大师、名师,部分教师执教能力、创新意识不强,兼职教师队伍引进和建设缺乏制度保障。

(二)与跨国企业合作未成常态

学校和跨国企业合作赴境外办学,能增加我国教育的国际竞争力。广东农工商职业技术学院抓住机遇,追随广东农垦,培训农垦人才。在肯定上述有益探索的同时,我们必须要清醒地认识到这样的案例极少,远未达到普及的程度。在校企合作境外办学方面,仍然有很多结需要解,很多壁垒需要打通,很多障碍需要跨越……还有很多事情需要做。

四、惯性发展思维

我国现有高职院校大多是由原来多所中专、技校、成人校合并转制升格而成。各高职院校在管理体制、机制方面差距较大，存在管理不规范和重规模发展、轻内涵建设的问题。另外，为提升高职院校的发展规范，各地积极参与全国高职高专院校人才培养工作水平评估工作，然而受既往评估等指令性项目的惯性影响，部分高等职业院校在发展过程中有"等、靠、要"等消极思想，缺乏发展内生动力，寄期望于以大项目建设带动学校发展，甚至少数高职院校的部分办学指标在项目验收前后发生较大异动。

五、适龄生源萎缩

近年来，高等教育适龄人口呈持续减少现象，高职院校将面临生源危机。据统计，江苏省高考报考人数在 2009 年为 54.6 万人，此后逐年回落，预计 2019 年波动至谷底，报考人数约在 32.8 万人，然后小幅攀升。针对生源萎缩带来的"利空"，高职院校"各显神通"，大部分被迫在招生环节加大资源投入。高职院校在克服生源短板的同时，却在一定程度上分散加强自身内涵建设的精力，冲击招生秩序平稳健康发展，在社会上产生了负面影响，进而严重损害了高职教育的整体口碑。

六、专业设置失调

从"一带一路"沿线国家最关注的人才类型看，国际贸易、计算机、金融、语言、工业设计、法律、土木工程、财务管理、新闻、机械制造等十类人才最受关注。一方面，十类专业人才的培养出现结构性短缺，各国关注的专业人才类型不尽相同，高职院校未能将受关注专业与关注国语言相结合，形成有效的国际化人才培养系列与集群。另一方面，高职院校在专业建设方面片面追求"做大求全"，违背自身办学特色盲目开设专业，陷入"大而不强、全而不精"的窘境，导致专业设置结构性过剩。

七、与实践相脱节

目前，在高职教育国际化人才培养的实践中，仍缺少完整、成熟的理论指导体系，人才培养模式和实际发展的匹配度、紧密度有所欠缺。一是人才培养目标定位不够清晰，与"一带一路"倡议的契合度不甚明显。二是课程设计不能与时俱进，还停留在"原理式"的老版本，知识结构老化，最新发展成果、发展趋势未能融入其中。三是从"课堂"到"岗位"的衔接不足，专业教育更多地体现在知识传授而不是实践能力的锻炼，"学不致用"。四是"双师型"教师机制仍需深化，专业知识和职业技能兼备的师资队伍是培养复合型人才的保证，在现实中破除教育与企业间隔阂形成企业人才与专业教师相互兼职的情况并不多见。

第二节 国际化人才培养重构策略

当前我国国际化人才建设面临着培养模式单一、优质师资不足、国际化水平较低、师生交流互动不够等问题。因此，需在精准学校定位、完善顶层设计的基础上，多方联动推进教育供给优化、教育共享发展模式创新，责任共担，共商共建，做好"一带一路"人才培养。

一、学校精准定位

（一）何为定位

我们一般认为"定位"是一个收集、挖掘、比较、选择的过程，通过它将特色归纳出种类和层次，在相互比较后，选择自身特色的一个过程。然而，"定位"作为一门理论早在1969年就被提出了，创始人杰克特劳特将定位定义为：如何让你在潜在客户的心智中与众不同。一般而言，人的心智只接受与其以前的知识与经验相匹配或吻合的信息，所以把焦点集中在潜在顾客而非产业，就简化了选择过程，这有助于大幅提高传播效率。

（二）定位策略

不同学院，录取分数往往不同；同一所学校，由于专业不同，录取分数也存在着一定的差距。因此，首先学校应从专业特色、与对口国家的匹配度等角度进行全面摸排和彻底分析。一是考虑到专业的稀缺性问题，可分为：独一无二、较为稀少、大众化和同质竞争。二是考虑到行业领先地位，可分为：处于金字塔尖的领导型专业、排在第二梯队的专业、一般专业。三是考虑到专业人才的市场需求度，可分为：旺盛、潜力型、一般、饱和、过剩。四是区域性优势，可分为：全球、全国、全省、全市。五是对口匹配度，可分为高、中、低三档。各指标相结合，确认优势。其次，优势叠加。领先的标准至少是占据地区优势：全市第一或唯一。在确认优势专业的基础上，合并学院内部相似专业，集中优秀教师和优质资源、对接对口国、强化专业知识、职业技能培养，优化语言教学课程和方式，深化国际化实践广度和深度。专业、语言、国际化实践叠加，催生化学反应，优者更优、强者更强。最后，优势延伸。聚焦优势，精准定位，做大做强主打专业。在此基础上培育上下游专业协同，在占主导地位的专业"做加法"，彼此间相互独立，又在教师力量和资源上实现共享，形成更稳定、优势更明显的定位。

以苏州经贸职业技术学院为例，其优势专业集中在电子商务、物流管理、旅游管理、酒店管理等。依据前文的"定位、叠加、延伸"三部曲，如果以泰国作为对口国，旅游是泰国的优势产业，旅游专业无疑是经贸学院的最佳选择。再者，旅游同样也是苏州的特色产业，相互借鉴、强强联合，既能相对独立发展，又能互惠共赢。经贸学院将旅游做优做强，占据领先地位，再逐步培育酒店管理、电子商务等专业，聚集优质资源形成共生专业链。

从全国、全球高校排名变化中可以看出，处于第一方阵的高校，其地位并非不可撼动。因此，学校应以"人无我有，人有我优，人优我精"为目标，通过精准定位，提升高职国际化人才的层次，增强学校的竞争力。

（三）定位特色专业

专业是高职院校的名片，也是院校发展的根本。在现有专业布局的基础上，学校应对接国家战略，调整专业设置，形成自身特色，成为全国高职院校发展道路上的排头兵，占据高点。

1. 特色专业内涵

特色专业是指高职院校在专业建设的目的目标、培养模式、课程体系，与教学内容、实践教学、教学设计与教学方法、师资队伍、社会服务等方面体现出来的独特风格，培养的学生质量在整体上要优于或有别于其他院校该专业的学生，并得到社会的广泛认可、有较高声誉的专业。

2. 特色专业的一般属性

（1）独到性

从院校的实际情况出发，对自身的办学基础和业已形成的专业结构及教学能力进行分析，摸清自身的特色与优势，扬长避短，选择最适合的特色方向。对其他院校特别是相同层次高职院校的相同专业建设情况进行调研，对比分析，寻找专业方向的空档或在同类专业中寻找特色课程、特色实践方案、特色就业渠道等差异化的竞争优势，全力打造自己的特色专业。在专业建设内涵上下功夫，体现出自己专业的独特性。

（2）区位性

地域性是高职院校特色专业培育中所包含的地方特色，围绕学校所在服务的行业或区域的区位优势、地缘优势、资源优势、行业优势以及本地经济建设和社会发展的实际需求，本着"立足本区，辐射周边，服务战略"的思路来建设特色专业。

（3）方向性

特色专业是在人才培养过程中逐渐形成的，是办学理念与客观效果和谐统一的结果。它对人才培养质量的提升、学生综合素养的提高、专业社会影响力的扩大具有方向引领与示范辐射效应。特色专业建设的核心作用就是培养具有较强竞争力，适应社会经济发展的优秀人才。

3. 特色专业建设的内容

（1）理念特色

办学理念和专业建设观念是高职院校特色专业建设的指导思想，影响着特色专业建设的方向、进程和绩效。

（2）方案特色

培养方案不仅要科学合理，还要突出特色。

图2-1　人才培养规格、模式、计划等关系图

（3）师资特色

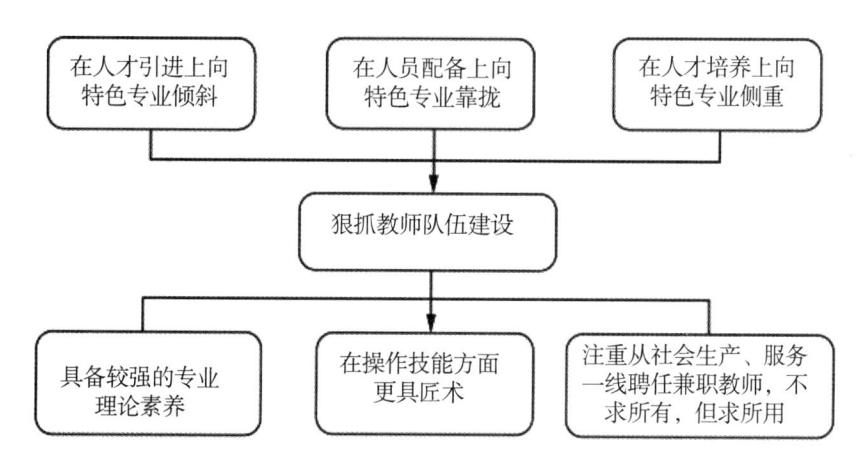

图2-2　师资队伍建设

（4）教学特色

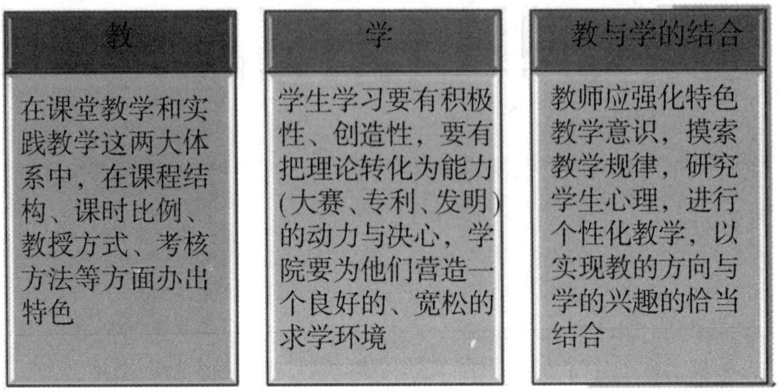

教	学	教与学的结合
在课堂教学和实践教学这两大体系中，在课程结构、课时比例、教授方式、考核方法等方面办出特色	学生学习要有积极性、创造性，要有把理论转化为能力（大赛、专利、发明）的动力与决心，学院要为他们营造一个良好的、宽松的求学环境	教师应强化特色教学意识，摸索教学规律，研究学生心理，进行个性化教学，以实现教的方向与学的兴趣的恰当结合

图2-3　教与学的关系

（5）管理特色

特色专业的建设要有文件规范，这是在制度上对特色专业建设予以保障；其管理要不同于一般专业建设的管理，学院要对特色专业赋予系、部更大的专业建设和教学管理自主权；以管理促教学，以管理特色促教学特色，相辅相成、相得益彰。

4.特色专业建设要求

（1）注重专业的科学设置与准确定位

特色专业应能主动适应区域经济发展的需求，根据产业集群的变化不断优化专业内涵。准确定位专业人才培养目标，关注社会对该专业人才需求的调研和就业质量的跟踪考察。

（2）注重课程体系的优化与教学内容的改革

坚持以职业能力为本位，以工作过程为导向，依据职业标准开发课程体系；以工作任务组织教学内容，并与国家职业资格标准相衔接；以典型产品和服务设计为教学活动单元；课程体系和教学内容能够体现以立德树人和职业能力培养为主线。

（3）注重实践教学设计与实施

根据职业技能培养的需要设计实践教学体系；以真实的工作任务或服务任务为载体设计实践教学项目、内容，在具有实践或仿真职业氛围的实训基地实施实践教学；由具有行业企业经历的教师或来自生产第一线的兼职教师进行教学和指导；强化毕业顶岗实习覆盖率,健全实习大纲、考核标准与办法,确保毕业顶岗实习效果。

(4)注重专业教学团队的优化

以知识、职称、年龄、学历等为要素,合理布局特色专业教学团队的结构,提高生产第一线兼职教师的占比,突出"双师结构"教学团队建设;提升专业教师的实践教学能力,增加具有行业企业经历的教师的比例;专业带头人在行业企业有一定影响力和较高知名度,社会认可度高。

(5)注重社会服务能力的提升

根据社会、企业的需要,特色专业的教师主动承担职业技能培训和岗位培训任务,积极为落后地区的教育发展服务;主动承担技术服务与咨询项目,承担企业横向课题,利用业余时间为企业和社区服务。

(6)注重人才培养质量的提高

提升学生获得职业资格证书的比例及大赛获奖比例;以专业教育为基础,拓展实践实训的内涵和时限,以培育具备"扎实的语言应用能力,熟练的职业技能,灵动的创新思维,丰富的国际视野"人才为目标,提升人才国际化程度,提高就业竞争力。

二、完善顶层设计

(一)国家层面

教育及相关部门在深入调研的基础上,科学合理完善机制体制建设,出台政策推动教育输出和引进。在境外办学方面,制定符合新时代要求的鼓励措施和管理规范,在扶持的同时加强监督和指导。基于"一带一路"蓝图,科学预测各类国际化职业人才的需求,以"人才培养与战略发展高度契合"为原则,结合区域优势、教学特色,引导和协调各地开展教学工作,统筹规划、合理布局、均衡发展。

1. 出台政策支持

中共中央办公厅、国务院办公厅印发了《关于做好新时期教育对外开放工作的若干意见》,指出要实施"一带一路"教育行动,充分发挥教育在"一带一路"人才建设中的重要作用。教育部出台了《推进共建"一带一路"教育行动》,并先后与甘肃、宁夏、福建、广西、海南、贵州、云南、新疆8个省和区签署了"一带一路"教育行动国际合作备忘录；出台了《高等职业教育创新发展行动计划（2015—2018年）》，文件中包含了三大内容、四项基本原则和四项主要目标，制订了行动计划任务清单，旨在推动高职教育创新、健康、持续发展，并指明方向。

2. 加强东西部教育发展共享

加大东西协作工作力度，深化区域间的教育合作。各地高职院校应全面贯彻落实国务院《职业教育东西协作行动计划（2016—2020年）》，在中央确定的东西部扶贫协作框架下，积极探索盘活、扩大优质职业教育资源，增强发展能力的合作机制，深化东西部地区的教育合作，在推进职业教育充分、平衡发展上下功夫、做文章、求实效，积极发挥优质高职在全国教育共享发展的重要作用，争创东西部教育齐头并进、共同发展的新局面。

3. 联合开展人才培养和培训

加强与沿线国家人才建设的交流互动、优势互补，联合开展人才培养和培训工作。一是借鉴新加坡、印度等沿线国家在人才建设方面的经验和优势，加强经验交流和人才培养合作，同时吸引海外优秀人才机构来华指导。二是调动国内有关资源帮助沿线国家培养"一带一路"建设所需人才，帮助提升沿线国家人力资源建设水平。

4. 利用海外人才培养平台

充分发挥华人华侨和留学生作用，利用好孔子学院等海外人才培养平台。一是发挥沿线国家的华人华侨、孔子学院等海外平台对"一带一路"建设的积极作用，协助中国企业更好融入当地文化。二是设立"一带一路"留学基金，鼓励我国与沿线国家间的留学生互换，培养更多了解彼此语言和文化的人才。

（二）地方层面

属地政府和教育部门作为教育工作的主管方，利用大数据、智库等手段和力量，调研沿线国家所需人才，根据地方优势和高职院校各自特色，把握发展方向和趋势，统筹规划地方人才培养的对策。引导属地高职院校的专业、语言、生源的布局和配比，形成各具特色、百花争艳、错位发展的格局；协调各方力量牵线搭桥，助推教师队伍、教育资源的优化，扶持中外教育互动交流，实现资源共享、相互促进；加强校企合作，促进高校和企业的深度对接，加强人才培养与企业需求匹配，引导"走出去"的企业更加关注人才建设和管理，注重人才本地化；资金扶持、拓宽融资渠道，解决境外办学资金瓶颈。

1. 省级政府

省级政府肩负落实政府责任、建设品牌专业、出台扶持政策等重大使命，履职的好坏直接决定着国际化职业人才培养工作的优劣和成败。对接战略的眼光、超前务实的布局、切实有效的举措、宽严并济的管理是政府推进人才建设的保证，江苏在实践中做了有益探索，形成了可供借鉴的宝贵经验。江苏省政府办公厅发布了《江苏高等职业教育创新发展卓越计划》，以"服务发展，创新引领；扶优扶强，彰显特色；产教融合，协同育人；以文化人，优化治理"为原则，坚持以立德树人为根本、以能力提升为核心、以产教融合为抓手、以开放创新为突破，建设一批全国领先、特色鲜明、充满活力的高职院校，布局高职卓越发展蓝图。2017年，江苏省教育厅在继续重点推进"品牌专业"建设项目、产教深度融合实训平台项目的基础上立项"高水平骨干专业"建设项目。江苏省教育厅加强对品牌专业、骨干专业的过程引导，通过开展学术活动周、建立产教深度融合实训平台在线监测体系、加强中期检查等手段，专项建设由投入激励向绩效考核转变，由结果管理向过程引导转变，提高专项绩效。将教师发展与教学团队建设、课程教材资源开发、实验实训条件建设、学生创新创业训练、国内外教学交流合作、教育教学研究与改革六方面作为主要内容，政府加大指导和投入，支持高职教育发展。另外，地方政府、高教园、科技网等对高等职业教育给予了特别的政策支持，有力推动了高职教育与产业相融，服务区域经济发展。

2. 市级政府

一切发展都离不开人才，高职教育也不例外。既有的政策和机制体制未能完全激活高职院校引进人才的动力，苏州的"破壁引才"等做法值得借鉴。苏州市出台《关于支持高等院校、科研院所引进高层次人才的实施办法》，设立顶尖型人才（A类）、领军型人才（B类）、骨干型人才（C类），分别予以资助奖励。除市属的高职院校，凡在苏的高职院校均可享受人才新政。其中，C类人才，包括行业公认、技艺精湛的高技能、工艺人才等被纳入资助范围，更是激发了高职院校人才引进的热情。此外，苏州市政府还给予苏州工业职业技术学院等市属高校高层次人才引进政策，所有引进的高层次人才单独核编，不占学院原有事业编制。出台《苏州市职业教育校企合作促进办法》《关于加快发展全市现代职业教育的实施意见》，明确提出要大力支持职业院校建设，加快培养产业所需人才。苏州市政府专函支持苏州工艺美术职业技术学院、苏州工业职业技术学院、苏州农业职业技术学院等院校创建高水平高等职业院校。此外，将苏州工艺美术职业技术学院的"中国手工艺博物馆"（实践教学基地）列入苏州市"百馆计划"，并投入1亿元进行建设；投入1.5亿元建设苏州工业职业技术学院3.5万平方米综合实训大楼。

（三）学校层面

精准定位，突出主业，延伸优势，合理设置学科专业和研究机构，与其他学院错位竞争；制订本校发展规划，合理教师、资源分配，科学学制、课程设置；加强教师队伍培训，加大教育设施、设备投入，提升教育软件和硬件的质量；以我为主开展中外教育互动交流、校企合作等活动，拓展师生国际视野；对上积极争取政策，破解审批、许可难题，通过自筹、融资、扶持解决资金短板。

1. 紧贴产业，调整专业

专业设置是学院特色的集中体现，专业之于学院好比产品之于厂商，其重要地位不言而喻。调整专业结构，集中优势力量，彰显院校主业特色，逐步形成院校自身更强的竞争优势。

（1）专业调整的基本依据

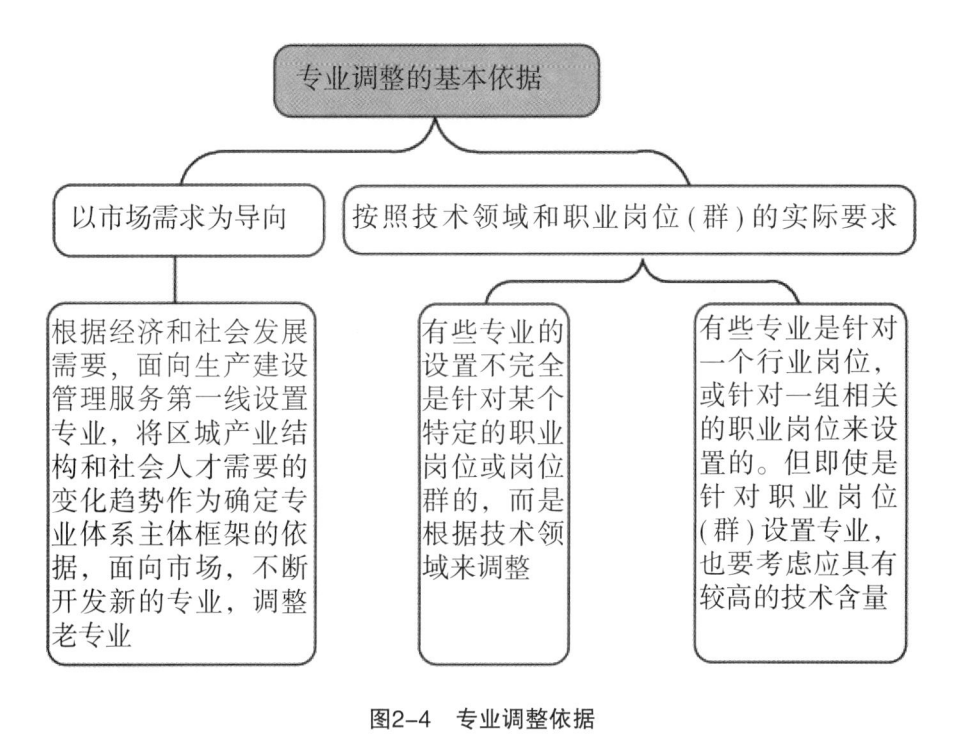

```
专业调整的基本依据
├── 以市场需求为导向
│   └── 根据经济和社会发展需要，面向生产建设管理服务第一线设置专业，将区域产业结构和社会人才需要的变化趋势作为确定专业体系主体框架的依据，面向市场，不断开发新的专业，调整老专业
└── 按照技术领域和职业岗位(群)的实际要求
    ├── 有些专业的设置不完全是针对某个特定的职业岗位或岗位群的，而是根据技术领域来调整
    └── 有些专业是针对一个行业岗位，或针对一组相关的职业岗位来设置的。但即使是针对职业岗位(群)设置专业，也要考虑应具有较高的技术含量
```

图2-4 专业调整依据

（2）专业调整的原则

①市场导向

高职教育应该是最贴近社会经济和市场需求的高等教育，其目的是培养直接面向生产、建设、管理、服务一线从事技术应用工作的高技能人才，所以必须面向社会和市场调整专业。专业建设必须以区域经济和社会发展需求为基本导向，选择好专业的基本服务面向，使专业建设充分体现地区产业和行业企业的特点，以更好地适应市场和社会需求。

②动态调整

妥善处理好专业设置与布局中的稳定性和灵活性是办好专业的关键。教育有连续性和周期长的特点，要形成专业特色和优势必须经过不断探索、积累和完善的长期过程。专业建设的规模、水平和质量与专业的稳定性是相互联系、不可分割的，因此专业设置要保持稳定性。高职教育受社会经济制约，区域经济结构、产业结构的变化及行业新技术、新工艺的出现必然要求对与之相适应的专业进行调整。因此，在保证整体相对稳定的前提下，专业设置与布局必须兼顾灵活性和扩展性。

③适度宽泛

随着高新技术的广泛应用、技术综合程度的提高、服务产业的蓬勃发展，原来的专业和行业之间的界限日趋淡化，产生了一系列复合型、技术含量高的职业岗位，并大量涌现以智力技能为主的智能职业岗位。在此形势下，除少数有特殊要求、人才需求稳定的职业领域设置针对性强、专业面向较窄的专业外，在专业设置和调整时应以宽为主，宽窄相济是发展的必然趋势。鉴于此，在重视面向职业岗位（群）的专业教育的同时，应注重学生的综合素质和技术应用能力培养，提高他们适应就业市场变化的职业迁移能力。

④吐故纳新

保持新专业设立与老专业退出的同步，形成动态淘汰更新机制，增加复班招生的专业，压缩单班招生的专业，保持专业数量与规模的适度与合理，防止专业数量的膨胀。

2. 调整体制机制

探索混合所有制与职教集团等各种协同育人体制。充分发挥多方协同育人功能，进一步深化产教合作联盟、职教集团体制机制，积极试点混合所有制改革，营造了"政、行、企、校"良性互动、优势互补、责任共担、成果共享、合作共赢的可持续发展生态环境。一是联合行业、企业建立混合制二级学院，制定办学章程，建立制度保障学院运行、管理；二是校企共建生产型实训基地，合作开展教育培训、技术认证、对外交流、师资培养，在科研、生产等方面开展深入合作；三是联合招生、联合培养，探索系统解决招生、招工"难"问题。

3. 深化产教融合

健全与产业发展的联动机制，跨界整合，打造产教融合良好生态。集聚政、行、企、校多方资源，打造工程技术研发中心、工艺产品开发中心、技术成果转化中心、技术创新推广中心、公共技术服务中心；瞄准职业教育及产业发展关键环节精准发力，创新机制、深化改革，全力深化产教融合，加快推进职业教育现代化建设。

4. 激发内生动力

采取措施，激发院校内生发展动力，注重院校的内涵建设与常态化发展，按照高端技术技能人才培养需求确定建设目标，将一流院校建设、一流专业建设与国家创新驱动发展战略紧密融合，扩大现代学徒制、产教创新联盟、集团化办学等项目（模式）试点效应，培养重心向高端技术技能人才转移，培养专业向重点领域拓展，探索更优的学生发展路径，实现更强的服务贡献能力，切实担负起主体责任，尽快确定与自身区域经济发展水平相适应的建设规划，明确合适的发展方向、合理的增长路径和模式，形成稳中有升的动态调整机制。

三、强化语言能力建设

加强"一带一路"语言能力建设是推进倡议顺利实施的基础性工作。通过对沿线国家、国内院校、孔子学院等进行深入调研，利用大数据分析发现，"一带一路"语言种类丰富，语言人才需求迫切。国内"一带一路"语言人才培养处于起步阶段，"量少面窄"的现状无法匹配倡议建设；孔子学院、孔子课堂等机构在沿线国家所占规模较小，难以满足汉语学习需求。建议启动国家"一带一路"语言能力建设工程，加强统筹规划、强化人才培养、提升服务能力、促进国际交流，为推进"一带一路"建设奠定坚实基础。

（一）"一带一路"语言分布及语言人才需求情况

1.沿线国家官方语言种类丰富，使用情况较为复杂

从官方语言数量来看，沿线64个国家共有52种官方语言。除波黑外，其他63个国家均在本国宪法中明确规定了本国的官方语言。从沿线国家官方语言的种类看，新加坡的官方语言种类最为复杂，包括英语、马来语、华语和泰米尔语4种，9个国家有2种官方语言，其他53个国家均只有1种官方语言。从语言使用和分布情况看，英语、俄语、阿拉伯语是主要语言。其中，东南亚的新加坡、菲律宾和南亚的印度、不丹4个国家使用英语；东北亚的俄罗斯、中亚的哈萨克斯坦、吉尔吉斯斯坦、塔吉克斯坦及中东欧的白俄罗斯5个国家均使用俄语。然而，上述多数国家也同时至少使用一种其本国通用民族语言作为官方语言。此外，西亚和北非地区有14个国家使用阿拉伯语，其他地区还有3个国家使用马来语、2个国家使用泰米尔语。除官方语言外，各国国内使用的地区语言或少数民族语言也种类繁多。例如，菲律宾境内除了其国家通用语言和官方语言外，使用人口超过百万的民族语言就有他加禄语、宿务语、伊洛卡诺语等十几种。

2."一带一路"语言人才需求迫切

通过国内外互联网大数据分析发现,在"一带一路"人才需求方面,语言类人才分列国内媒体和网民关注度排名第一位、沿线国家媒体和网民关注热度排名第四位。其中,除英语、阿拉伯语等使用广泛的语种外,土耳其语、波斯语等也受到媒体和网民的高度关注。国内外媒体和网民普遍认为,"语言互通"是"一带一路"互联互通的基础,随着"一带一路"建设的深入推进,语言人才特别是小语种人才十分短缺,语言服务能力明显不足,加强"一带一路"语言能力建设显得十分迫切。

(二)"一带一路"语言人才培养情况

1.国内"一带一路"语言人才培养开始起步,但规模还不能满足需求

目前,结合"一带一路"建设的需求,国内各院校开始加大对语言人才的培养力度,主要表现在两方面:一方面,我国部分高校已逐步新增涉及"一带一路"沿线国家语言的专业。自"一带一路"倡议提出,我国大部分外语院校新开设了多种语言专业,其中2016年新增外语专业最多。另一方面,一些院校开始优化语言人才培养方案,"语言+X"综合性人才成为培养新重点,外语类专业学生实行"语种＋专业方向"或者"小语种＋英语"的培养模式。

但目前的语言人才供给还不能满足"一带一路"建设的需求,从"一带一路"沿线国家官方语言看,目前我国高校开设的外语语种以英语、俄语、阿拉伯语等为主,仍有部分语言尚未开设。而非通用语言人才更是匮乏,"国家外语人才资源动态数据库"高校外语专业招生情况统计显示,2010—2013年已招生的20个"一带一路"小语种中,11个语种的在读学生数不足100人,波斯语、土耳其语和斯瓦希里语3个语种仅50～100人,其余8个语种更不足50人。

2.孔子学院等汉语人才培养机构快速拓展,但在沿线国家的规模相对较小

"语言是了解一个国家最好的钥匙。"近年来,随着中国经济的发展和国际交往的日益广泛,全球汉语学习需求快速提升,以教授汉语和传播中国文化为宗旨的孔子学院也得以蓬勃发展。截至2016年,全球140个国家(地区)共建立511所孔子学院和1073家孔子课堂。随着"一带一路"的深入推进,汉语在"一带一路"沿线国家也日益

受到重视，但孔子学院、孔子课堂的数量却相对较少。在"一带一路"沿线国家范围内，共有134所孔子学院和130家孔子课堂，仅占全球的26.22%、12.12%，甚至有13个国家既无孔子学院，也无孔子课堂，远远不能满足"一带一路"互联互通的需求。

（三）"一带一路"语言服务机构发展情况

1. 从总体来看，语言服务机构增长迅速，但地域分布不均衡

语言服务业发展迅速，但绝大多数规模较小。语言服务业作为新兴服务业的组成部分，行业已具相当规模。从行业产值和机构数量看，均有不同程度的增长。从注册规模看，呈逐步扩大趋势，企业实力不断增强，但亿元级大型语言服务企业的数量和占比仍然较小。从服务范围来看，主要集中于北京、上海、广东，覆盖的服务地域分布相对不均衡。

2. 从语种看，语言服务机构对沿线国家小语种涉及较少

通过对全国423家语言服务机构调研发现，"中译外"和"外译中"两种业务涉及的外语种类一致，提供中译英服务、英译中服务的企业占比最高，分别为96.93%和94.80%，其次为日语、法语。在非通用语言尤其是"一带一路"沿线国家非通用语言方面，仅有2.60%的企业提供"中译外"和"外译中"服务，占比较少，小语种的服务能力严重匮乏，制约中国企业进入当地进行贸易合作。

（四）语言能力建设策略

语言是传承人类文明、促进文化交流的主要载体，是国家的重要战略性资源。当前，全球化和信息化使语言的功能空前拓展，语言在文化、政治、经济、科技、军事、国家安全、外交等领域的作用日益重要。世界各国包括发展中国家纷纷推出国家语言战略，提升语言战略层次，拓展战略视域，推出重大举措，努力控制高点。可以说，国家语言能力建设问题已经刻不容缓。特别是随着"一带一路"建设的深入推进，对国家语言能力提出了新的紧迫需求，建议启动国家"一带一路"语言能力建设工程，着力增强语言实力，建设语言强国，为推进"一带一路"建设奠定坚实基础。

1. 加强"一带一路"语言能力建设统筹力度

一是建立国家"一带一路"语言能力建设统筹协调机制，制订"一带一路"语言专项规划，明确语言能力建设时间点、任务书和路线图。二是整合各类资源，建立国家"一

带一路"多语言中心和"一带一路"语言数据库，打造"一带一路"语言研究国家级智库，加强对"一带一路"沿线各国语言，特别是小语种的研究工作。三是统筹推进汉语在沿线各国的推广应用，将汉语确定为"一带一路"建设的通用语言之一，确保汉语在"一带一路"关键领域、重要项目和重大工程相关文本和国际会议中的主导地位和作用。

2. 努力提升"一带一路"语言服务和开发利用水平

一是建立"一带一路"语言服务网络平台，推动语言技术发展，建立包括在线翻译、多语云智库、会展语言等多维语言服务体系，提高语言服务移动化、智能化水平，推动传统语言服务行业转型升级和发展壮大，形成适应我国在对外经贸合作和人文交流中所需要的语言在线服务能力。二是建立"一带一路"语言大数据共享联盟，探索语言大数据增值服务机制，为"一带一路"建设和企业"走出去"提供高品质、多语言服务支持。

3. 大力推进"一带一路"语言国际合作交流

一是建立国家"一带一路"语言博物馆，与沿线国家和有关机构共同发起"一带一路"国际语言博览会，打造全球语言集散中心和最具影响力的"一带一路"国际语言合作交流平台。二是加强孔子学院等汉语机构在沿线国家的布局，帮助海外汉语学校加快发展，使其成为"一带一路"上推进汉语言文化传播及应用的服务区和加油站。三是充分发挥市场和社会的拉动作用，整合国内外企业、教育机构、智库机构、华人华侨等各方面力量，拓展"一带一路"多层次语言文化交流渠道，打造国外能看得懂、接受得了、喜欢得上的语言文化精品，促进中外文明交流互鉴。

4. 着力培养"一带一路"复合型语言人才

人才是推动发展的第一要素，是"一带一路"建设的支撑和保证，培养契合倡议的国际化职业人才，是战略建设的内在要求，也是政府、院校、企业等多元主体的任务。一是实施"一带一路"语言人才培养计划，鼓励高校合理有序、错位互补地开设"一带一路"相关语言专业；设立非通用语种人才专项培养经费，制定非通用语种人才特殊招生政策，培养和储备服务于"一带一路"的复合型语言人才。二是联合沿线国家和有关机构，建立"一带一路"语言人才库和"一带一路"语言人才国际培训基地，加强关键语言人才培养与储备。三是加强对外汉语人才培养，加快汉语教师和汉语教学志愿者队伍建设，全力满足沿线国家汉语学习需求；开展海外汉语教师普通话培训，加大国家通用语言文字培训测试的海外推广力度。

四、优化教育供给

教育的功能之一是促进经济发展，通过经济发展来满足人们对美好生活的向往。经济发展主要取决于人，人的发展依靠教育，教育质量的优劣直接决定了人才的层次。

（一）对接国家倡议

"一带一路"倡议历史性地为高职院校、企业组织勾勒出机遇和挑战共存的发展愿景，倡议推进的过程是各国和地区政治、文化、习俗、思维从碰撞到融合的过程，也是各类新兴产业、商务贸易衍生和发展的过程。人才建设需要多方联动，在适应新形势的基础上对接需求、制订规划。

1.成立"一带一路"研究机构

国际化职业人才的培养涉及政府、企业、高职院校等多元主体，不仅仅是教育的责任，也是企业单位、社会组织的责任。各方力量在"一带一路"框架下，全面贯彻共同担责、共同发展的理念，设置专门机构强化对"一带一路"部署的研究，不断对沿线国家行业产业结构和发展趋势深入调研，推动配套政策、课程设计、教学方式、实训实践、师资力量、经费保障等育才要素的完善。江苏省围绕国家"一带一路"倡议，推动与政府、企业、院校、NGO等的多元合作，提升境外学历生培养、技术技能培训、师资培训、订单留学生培养水平，在探索推进国际合作特色化、多元化的道路上取得了丰硕成果。通过成立研究院、职教集团、国际课程研发中心等机构，推动"一带一路"务实合作更为机制化、长效化，这些举措不仅有助于增强各方合作的持续性和稳定性，也将提升各方的"责任共担"意识，将"共商共建"引向深入。常州工程职业技术学院与常州市委党校共建的"一带一路"研究院利用便利条件和资源，调研分析留学目标国家的产业和经济结构，引导学生选择专业，通过考评，实施语言和专业的分类培养、分层教学，提前找好"走出去"企业，落实学生归国实习和就业安排。

2. 制定和输出职教标准

"一带一路"沿线有十大领域的人才最受关注，而各国的关注重点不尽相同。俄罗斯、巴基斯坦、新加坡和菲律宾最关注国际贸易类人才建设，波兰和阿联酋最关注金融类人才建设。将关注国语言和受关注专业教育紧密衔接，再叠加与对口国家教师和学生互动交流、境外办学、合作办学等措施，博采众长制定高职院校自身的职教标准，并在"走出去"的过程中输出和推广职教标准。深圳职业技术学院在加快国际化办学步伐的过程中，让服务职业教育"走出去"，为世界职业教育贡献"深圳标准"和"深圳模式"，服务"一带一路"国家当地经济、产业发展作为方向和重点。与招商局港口签署战略合作协议，双方在设立实践教学基地、联合建立"双师型教师工作室"、共同开发海外人才培训产品、服务国家"一带一路"倡议等方面开展合作；承办"招商局21世纪海上丝绸之路优才计划"（C-Blue优才计划），为来自俄罗斯、马来西亚、斯里兰卡等全球三大洲13个国家的港航专业人员开展了港航专业项目培训，这些学成归国的港航专业人员将学到的先进专业知识为本国的相关专业人才进行二次培训。

在保中商业协会、普罗夫迪夫市和深职院三方的共同推动下，成立"普罗夫迪夫大学—深圳职业技术学院职业教育培训中心"，加强两校乃至两地人才交流、科学研究及优秀教育资源共享，共同培养当地中资企业所需的电子通信类技术人才。还与土耳其、匈牙利、巴基斯坦等11个"一带一路"沿线国家不断拓展交流与合作，为更多"一带一路"国家输出职教标准。

（二）创新培养模式

随着互联互通建设的推进，专业加外语的"知识型"人才已不能满足高标准的用人要求。高职院应紧跟时代步伐，抓住机遇，大力推行"外语＋专业知识＋职业技能＋国际视野＋创新思维"，即"五位一体"人才的培养。将专业知识转化为职业技能，单一语言学习融合小语种教育，区域概念拓展为国际视野，按部就班升华为创新能动，深化国际化职业人才的内涵，创新人才培养模式。

1. 优化教学体系

工欲善其事必先利其器，作为教学体系的重要环节，课程设计直接关乎教育效果。

根据专业和外语科目本身特点，合理安排基础、核心、选修课程的内容和课时，彰显重点、兼顾全面、适度延伸，在有限的培养时间内提高人才的质量。一是注重应用。核心课程不仅要增量，还要提能——学以致用，扩充领域提升实践应用技能。二是借鉴经验。事物都有其内在规律，顺应规律才能事半功倍。引入外国语言教学方法，再进行本国化，创新语言"接地气"教学法。借鉴外国高质量专业课教学经验，注重实用性，增加人才国际化的"成色"。三是创新能力。以启发、案例教育为基础，通过开放式教学、实务模拟等方式，改被动接受为主动思考，培养学生的分析能力、自主意识、独立思考、心智健全、创新思维等品质。四是综合能力。面对复杂的国际环境和激烈的国际竞争，建立良好的职业观，培养适应不同岗位的能力，激发灵活机动的应变能力，三者缺一不可。加强学习能力的培养是提升综合能力的不二途径。通过自学、交流、实习、实训等方式，学生掌握了学习方法，开阔了思维广度，提高了学习能力。

2. 拓宽出境渠道

在互联互通的经贸合作和人文交流中，既需要具备职业技能，又需要掌握当地语言、熟悉当地人文的尖端复合型人才。学习无疑是实现这一目标的最佳选择。

首先是联合办学。这种方式在国际教育合作中较为常见，以学生互派、学分互认、短期访学、学术交流等方式，让学生享受分阶段的国内、国外学习，并可同时获取国内外文凭（或国外学习证明），充分体现资源共享、互惠共赢的要旨。

其次是出国留学。高职院校在经费允许的情况下，资助优秀学生分批出国留学，以此培养更全面、更高质的人才，进而提高学校的美誉度和竞争力，谋求学院、学生双赢。另外，教育部门或学院牵线搭桥，以定向委培的形式增加学生留学的数量，形成良性的校企合作循环，争创学校、学生、企业共赢局面。

3. 突出实训实践

实训实践是知识向能力转换的重要途径，根据国际化职业人才培养的特点，拟采取多样化、全方位的方式，提升应用能力。同时，高职学生平均企业实习财政经费补贴、企业实习责任保险补贴及企业兼职教师人均财政补贴也予以保障，还包括企业提供的校内实践教学设备等。

(1) 国内实训

国内实训可分为校内实训和校外实训。校内实训侧重于语言的强化，学校需要投入资金建设多功能实训室，应包括外语口语、同声翻译、商务谈判、文化体验等实训室，以满足强化外语教学的需求。校外实训侧重专业的应用。学校充分利用各种资源，深化校企合作、产教融合。以生产型企业、跨国公司、旅游公司、国际连锁酒店为主，也可以是大型会议中心、政府宣传接待部门，建立校外实训基地，让学生走出校园，检验和提升专业知识、外语交流的水平，也有助于形成正确务实的职业观。

苏州经贸职业技术学院以创建旅游管理省示范专业为契机，加大与本地老字号企业的合作力度，增加经费投入，加深合作层次。不断完善校内生产性实训基地建设，以松鹤楼、三万昌为代表的老字号企业加大投资力度，合作打造校内"老字号一条街"，使之成为学生实习实训新平台；引企入校，共建实训基地，丰富了校企合作的形式和内涵。特别是与苏州百年老字号企业合作，对接行业标准，打造成"三位一体"的校内实训基地群，即学生学习专业技能的主课堂，教师锻炼和施展才能的主阵地，学院服务社会的主渠道。2014年，与三万昌合作共建了茶艺实训室，该实训室不单为学生提供实习实训的场所，还将其塑造成共享型实训室，定位于茶文化创意中心及大学生创业空间，服务全校师生，成为大学生素质教育的基地。同年，与苏州松鹤楼大酒店合作共建松鹤楼中餐厅，从装修布置及餐具的标志等都体现了松鹤楼的餐饮文化，实训室建成后除了为旅游管理专业的学生提供中餐服务的实习实训，还承担了松鹤楼员工服务培训及考工考级的任务，为松鹤楼的不断扩张及产业发展提供了人才保障，实现了校企共赢发展。

(2) 国外实训

在国际化职业人才培养中，国外实训不可或缺，是培养职业技能、综合能力、国际视野、创新思维的最佳途径，是衔接从学校到岗位、书本到应用的重要纽带，是人才国际化的关键步骤。通过国外实训，不仅仅是对专业和外语的深造和升华，还包括对当地地理人文、风俗习惯的熟悉和适应，这是国际化职业人才的应有内涵。在操作形式上，可采用短期访学、学术交流、国际交换生、联合办学、跨国企业境外分部实习等方式，其中短期访学、国际交换生尽量争取住家形式（学生境外学习期间居住在当地在校生家里），便于短期内了解当地的人文习俗和生活习惯。在具体内容上，求同存异，本着包容互鉴的心态着重突出当地专业课程学习、当地企业实习，充分体会两国在教学模式、课程设计、企业运营上的差异，有助于完善知识结构、提高职业技能；推行轮动实习，在实习环节，要实行不同岗位、不同企业轮动模式，丰富经历，增加适应能力；开展体验式实践，参加当地本土文化习俗活动，如节日庆典、工艺制作、传统文演等，从熟悉到认同对方的文化，增加彼此间的亲切感，奠定服务中外双边经贸往来的情感基础。

（三）提升师资力量

教师是教育的第一要素，教师的专业水准、经验阅历、责任意识决定了人才培养的质量。

1. 优化本土师资

（1）国内提升模式

一是加强培训，学校在对口领域聘请国内外顶尖教授、专家授课，丰富教师的职业素养。二是经验借鉴，邀请国内国际化人才培养成效突出的学校介绍具体做法，包括教学理念、学校定位、课程设置、师资优化等内容，消化吸收、为我所用。三是学术交流，组织教师广泛参与国内高端学术交流活动，与新思维、新方法产生脑力共振，创新教学方法。四是把握形势，以跨国企业、合作企业"进校园"的形式，通过座谈、报告等方式，就本校人才发展情况、人才类型和专业类别的需求趋势、经贸发展和商业运作模式的发展方向等内容做分析和评判，为学校人才培养提供参考。

（2）走出去模式

学校倾斜资源用于教师队伍的培养，遴选优秀教师，通过职业培训、交流学习、合作办学、考察研究等形式，分批赶赴相应的国家和学校进行深度进修，系统学习国外的先进理念和做法，储备知识、拓宽视野、提升高度、增长技能，在更高的层次上"传道、授业、解惑"。

2. 引进优质师资

在"一带一路"背景下，各级政府和教育部门放宽引进外籍教师的限制，制定鼓励和指导政策，激活教师人才的流动，并对学校给予帮扶和支持，营造良好的国际化职业人才培养环境。优化高职师资队伍结构，提升高层次专任教师比例。全面提高教师实践教学能力、应用技术研发水平，开展实践创新人才和技能教学大师评选，培养高职教育名师、技能大师，建设优秀教学团队。

五、创新教育共享发展模式

事实证明，在"一带一路"沿线，除了几个发达国家之外，我国的教育资源和质量具有明显的比较优势，作为倡议提出国，有义务输出优质教育资源，一则表明我国对推进"一带一路"建设的坚决态度，二则为践行"互惠共赢"做示范。

（一）境外办学

"一带一路"建设为我国高校创造了宝贵的发展机遇。拥有专业特色和区域优势的学校，应争取政府和教育部门的政策和支持，合理规划境外办学实施路径，走出国门为沿线国家输出优质教育资源。单独办学、联合办学、校企合作办学都是可以采用的理想模式，我国已经有一批先行者付诸行动，积累了一定的境外办学经验，为后来者提供参考，如老挝苏州大学、厦门大学马来西亚分校等。与所在国家高度契合的学科专业建设是办学成功的关键，国内高校应梳理出优势专业，对照目标国的人才需求，精准布局。通过境外办学，输出优质的教育资源，援助沿线国家国际化职业人才的培养，满足"一带一路"建设对人才的迫切需求。另外，教育输出的过程同时也是文化传播的过程，这一方式更有利于文化互认、促进民心相通。

（二）吸引留学生

招收沿线各国学生来华留学，是教育输出的另一种形式。我国的高端科技，如航天、高铁、光伏、纳米等技术，在沿线国家甚至全球都处于领先地位；我国的传统工艺独树一帜，如刺绣、陶瓷等技艺，也是吸引外国留学生的主要原因之一。留学生一方面来学习我们的知识、技能、文化，另一方面也是缔结两国情感的桥梁。他们在华所体验到的人文习俗、同学友谊、师生感情使其更能知华、友华、亲华，从而认同我们的文化。因此，教育部门应统筹沿线国家来华留学工作，通过财政预算、呼吁设立"一带一路"教育专项资金、争取政府支持等方式，设立"一带一路"留学生奖学金，奖励给优秀的留学生群体。另外，在留学生留华工作方面，教育部门、人社部门、高职院校应积极牵头对口企业，丰富就业选择，营造良好的就业氛围。此外，机制保障不可或缺，应通过各类合作联盟、合作机制、合作对话等形式，建立双边和多边合作模式，破除壁垒，实现人才流动。

第三章 大学生可持续发展培养模式改革创新的理论分析

大学生可持续发展培养模式改革创新是一项十分复杂的系统工程,想要取得成功,必须树立正确的教育理念,必须对大学生培养的若干基本问题有深刻的认识和把握,同时还必须紧密结合所在学校和学科教育教学的实际。既要抓住根本,理清问题间的关系与脉络,又要立足现实,充分考虑客观条件的制约,特别是既是对改革实施者又是对改革对象的教师和学生的制约,采取"总体设计、逐步实施、探索前进、不断变革"的策略。本章主要对大学生培养模式改革创新的一些重大理论问题进行探讨,主要涉及高等教育的目的、大学生培养模式改革创新的基本理念、大学生可持续发展培养模式改革创新的基本思路及财经大学生培养模式的改革创新等内容。

第一节 立足现实与面向未来:对高等教育目的的思考

一、不同视角下的教育目的

很显然,对高等院校所培养的高校大学生可持续发展,不能单纯理想化地理解,必须考虑需要与可能。也就是说,所谓的高校大学生可持续发展是基于对高等院校大学生培养需要与可能的认识而言的。大学生培养的需要是指为什么培养、出于什么目的培养。这取决于我们从什么角度来看待这个问题。一般有两个分析视角:一是人的发展的视角,二是社会需要的视角。

从人的发展的角度来看,教育的目的就是要开发人的天赋潜能与禀赋,促进人的发展,而人的发展应当是全面、充分的,所以教育也应当对学生的天赋潜能与禀赋进行尽可能全面、充分的开发,应当实施全面素质教育。从社会需要的角度来看,教育的目的就是要满足社会发展对大学生的需求，以促进社会的可持续发展。在社会分工高度发达的现代社会，社会既需要全面发展的高素质大学生，更需要具有一定专业特长的高级专门大学生。从这个意义上讲，高等院校在大学生培养上应当以培养高级专门大学生为主，按照社会需要对学生的天赋潜能与禀赋进行有针对性的开发。很显然，两种视角下的大学生观与高等教育观存在矛盾。如何看待这一矛盾？在教育实践中如何处理人的发展需要与社会发展需要之间的不一致？是偏重于人的发展需要还是偏重于社会发展需要？这是高等院校教育理念的根本点。

二、不同视角下的社会需要

毫无疑问，高等院校必须积极主动地适应社会发展的需要，培养社会经济发展所需要的大学生。但社会的需要是一个宽泛的概念，既包括当前的需要，也包括长期的需要；既是全社会各用人单位具体需要的集合，又是作为社会成员的个体提高自身素质的需要，同时还是社会整体提高全体国民素质的需要。从不同的视角看，其含义不相同。

从教育需求者的视角看，社会需要就是受教育者的需要，也就是学生的需要，至少应当包含四方面或层次：初次就业的需要、未来职业发展的需要、创造与享受幸福生活的需要、提升人生意义与价值的需要。教育的直接需求者是学生，无论是对人的发展需要的满足，还是对社会需要的满足，都是通过学生实现的，所以教育必须首先满足学生的需要。学生一方面是社会的主体，另一方面又是社会劳动力的供给者。作为社会的主体，对教育的需要主要表现为人的发展的需要；作为社会劳动力的供给者，教育的需要主要表现为满足用人单位对专业素质与能力的需要。高等教育必须兼顾学生两方面的需要：一方面要使学生具有较高的专业素质与能力，在职业市场上具有一定的竞争力；另一方面还应当促进学生全面发展，提升其作为人的意义与价值。高等院校究竟应当怎样平衡这两方面需要，不仅是教育理念的问题，也取决于来自学生与社会的客观要求。从学生的角度来看，不同的学生对高等教育的需要是不同的，大多数学生所需要的主要是职业竞争力，但也有一些学生由于家庭、个人才能等原因，不需要找工作，或者找工作没有困难，或者并不急于就业，上大学的目的主要是为了发展自己、提高自己的素质与能力。即使是面临巨大就业压力的学生，所需要的也不仅仅是毕业后获得一份满意工作的能力，还包括未来职业发展的能力、创造与享受幸福美好生活的能力。从社会的角度来看，社会对高素质大学生的需要是不断变化的，随着知识经济时代的到来，这种变化已越来越快。为了应对这种变化，学生在大学学习期间，不仅要获得一定的就业能力，而且还要具备适应职业需要变化的能力，具备职业发展的能力。此外，随着社会的发展与进步，人们的收入水平与生活水平将不断提高，大学毕业生的就业压力相对而言将有所降低，与就业无关的创造和享受更加丰富的精神生活的能力将变得越来越重要，因而学生对大学教育的需要将越来越倾向于发展与提升自身的非职业素质与能力。高等院校在认识和理解学生对大学教育的需要的时候，不仅要立足于当前，充分考虑学生及社会对大学毕业生职业素质与能力的需要，也要放眼未来，从学生职业发展、人生幸福和社会可持续发展的角度认识和理解学生的需要，还应当充分考虑到学生需要的多样性。应当认识到，用人单位不需要的，并不是社会不需要的，也并不是学生个人不需要的；毕业后就业与工作不需要的，并不是职业发展不需要的，也并不是学生创造与享受幸福美好生活不需要的。

从大学生需求者的视角看，社会需要既是各用人单位具体需要的集合，又是社会整体提高国民素质、促进社会进步的需要。就用人单位的需要而言，既包括当前具体岗位工作的需要，也包括增强人力资源竞争力、实现长期持续健康发展的需要；就社会整体的需要而言，既包括解决当前社会经济发展面临的各种问题的需要，也包括提高全民族科学文化素质，提升科学技术水平和生产力水平，增强国家竞争力，实现可持续发展的需要。

在实践中，社会需要往往被看成是当前各用人单位需要的集合，培养社会需要的大学生也就变成了培养能够满足用人单位需要的大学生，进而产生了所谓的"订单式"培养模式，培养某一具体用人单位需要的大学生，将作为国民教育的高等教育变成了广义的企业培训。这种观点和做法无疑是错解了社会需要之意。仅仅考虑用人单位当前的需要，无异于将所培养的大学生看成是仅仅具有一定使用价值的生产要素或劳动工具，忽略了人之为人的意义与价值，也忽略了社会之为社会的意义与价值，是狭隘的、短视的，因而也是不可持续的。高等院校的大学生培养模式不能建立在这种狭隘的社会需要观之上。大学生培养模式赖以立足的社会需要观应当是完整的，兼顾用人单位的需要与人的发展的需要、各用人单位当前实际工作的需要与社会未来发展的需要。这种完整的社会需要观虽然与基于人的发展的观点存在矛盾，但也有一致之处：两者在内涵和外延上都是相互交叉的。并且，考虑的时间越长、范围越广，即越是面向未来、面向世界的教育，社会发展与人的发展这两方面的需要越是趋于一致。但是，就社会需要本身而言，短期需要与长期需要之间、用人单位的需要与作为社会主体的人的需要之间并不是完全一致的，存在内在的冲突，一定时期实际的社会需要必须兼顾所有这些方面，因而与人的发展的需要不可能完全一致。

三、对高等教育的基本认识

高等院校必须积极主动地适应社会需要，培养社会经济发展所需要的大学生。但应立足于完整的社会需要观，兼顾用人单位的需要与人的发展的需要、各用人单位当前实际工作的需要与社会未来发展的需要。

在满足用人单位需要方面，不仅应使学生具备当前用人单位所要求的任职资格，使学生具有较高的"可雇佣性"，而且要掌握比用人单位当前的实际工作需要更先进的东西，能够给用人单位注入新的观念、新的知识、新的技术、新的方法，具备提升用人单位知识与技术水平的能力，不仅能够胜任用人单位现有的工作，而且能够对用人单位的发展起推动甚至引领作用。也就是说，高等院校培养的应用型大学生应当一只脚站在现实的土地上，而另一只脚迈向未来。

在满足学生需要方面，要兼顾工作、职业的需要与生活、人生的需要。既要使学生具有较高的专业素质与能力，不仅在职业市场上具有一定的竞争力、初次就业能力，而且在未来的人生道路上具有较强的职业发展能力；又要努力促进学生全面发展，培养学生创造和享受幸福生活的能力，提升其作为人的意义与价值。

第二节　改革与创新：大学生可持续发展培养模式改革创新基本理念

大学生培养模式创新既不是将现行模式完全抛弃，推倒重来，也不是对现行模式进行小打小闹的局部改进，而是基于新的教育教学理念，立足于准确的大学生培养目标与特色定位，在创新的基础上对现行培养模式进行全面改革。改革主要体现在培养内容与培养方式方法的改变上，创新则主要体现在新理念和新思想的贯彻上。因而创新是关键，是灵魂，没有创新的改革必定是不彻底的。

一、改革创新的关键是正确处理两个矛盾

如前所述，高等院校的大学生培养面临两个矛盾：一是人的发展需要与社会发展需要之间的矛盾，二是用人单位当前岗位任职需要与学生个人职业发展、人生幸福及社会可持续发展需要之间的矛盾。如何处理这两个矛盾，既是高等院校教育理念的根本点，也是大学生培养模式创新必须解决的关键问题。

从根本上讲，这两个矛盾反映的是同一个问题，即培养什么样的大学生的问题。但在具体内涵上，两者又有差别。第一个矛盾反映的是高等院校应当培养全面发展的大学生，还是应当培养高级专门大学生；第二个矛盾反映的是高等院校的大学生培养应当更多地立足现实，还是更多地面向未来，应当局限于用人单位当前岗位的任职需要，还是同时兼顾个人与社会多方面的发展需要。

二、改革创新的根本任务是培养兼具两种能力的高素质大学生

大学的大学生培养不仅要立足现实，更要面向未来。不仅要充分考虑学生及社会对大学毕业生职业素质与能力的需要，使其具备当前用人单位所要求的任职资格，能够为当前社会经济的发展服务，做社会经济发展的支持者；更要充分考虑学生职业发展、人生幸福和社会可持续发展的需要，掌握比用人单位当前的实际工作需要更多也更先进的东西，不仅能够给用人单位注入新的观念、新的知识、新的技术、新的方法，具备提升用人单位的知识与技术水平的能力，而且能够用自己的双手创造幸福美好的人生，推动、引领经济发展与社会和谐。因此，大学教育虽然必须立足现实，但始终应当走在时代的前面，而不能跟在时代的后面，更不能对用人单位亦步亦趋。高等院校培养的大学生，应当一只脚站在现实的土地上，而另一只脚已经迈向未来。高等院校大学生培养模式的创新，应当以培养既能有效适应当前社会需要又具有可持续发展能力的高素质大学生为根本任务。

三、创新有效的现实依据是教育的大环境和学校与学科的特殊性

在社会分工高度发达的现代社会，社会既需要全面发展的高素质大学生，更需要具有一定专业特长的高级专门大学生。从这个意义上讲，高等院校在大学生培养上应当以培养专门大学生，按照社会需要对学生的天赋潜能与禀赋进行有针对性的开发。在高等教育大众化的背景下，不同层次的大学在大学生培养上应当有较为明确的分工，面向不同的职业类型和层次，培养具有不同素质结构的大学生。大学大学生培养模式的创新，必须与所在学校的类型相适应；同时，还必须充分考虑所在学科的特殊性，特别是在培养目标与规格、教学内容与课程体系、教学环节、教学模式等的选择与设计方面，必须突出大学生培养的类型与特色，具有较强的针对性。

四、创新路径正确的重要保证是努力避免两种错误倾向

高等教育大众化特别是大学毕业生就业压力的不断加大，促使各高校在大学生培养中越来越重视社会需求的变化，积极探索怎样才能更有效地培养适应社会需要的应用型大学生，从而出现了两种错误倾向：一是工具化倾向。二是唯初次就业能力倾向，将"适应社会需要"等同于适应初次就业单位当前工作的需要，将作为国民教育的高等教育变成了广义的企业培训，忽视社会和学生个人未来发展的需要，忽视学生终身学习能力和职业发展能力的培养。很显然，这不是大学大学生培养模式创新的正确取向，是应当努力避免的错误倾向。

第三节 大学生可持续发展培养模式改革创新基本思路

总体来讲，大学生培养模式创新应当立足于经济社会发展对专业大学生培养的现实需要和个人与社会未来发展，特别是知识化、国际化发展对大学毕业生素质与能力的要求，努力将全面素质教育与实践应用能力培养有机结合起来。在加强初次就业能力培养，提高学生适应用人单位当前需要或就业竞争力的同时，突出学生职业发展、人生幸福和适应社会发展需要的可持续发展能力的培养，特别是对学生进行自我设计与开发的意识、

能力与习惯的培养。而在具体操作上,则应坚持"四高五化"原则,以培养目标形成模式改革创新为突破口,以大学生培养过程组织模式改革创新为重点,以教师教学模式和学生学习模式改革创新为着力点,深化教学内容与课程体系改革,创新实践教学模式,将知识传授、能力开发、素质培育与行为养成有机结合起来,真正实现大学生培养模式从学校培养推动向社会需求拉动的转变,为提高大学生培养水平和质量奠定坚实的基础。

一、以培养具有可持续发展能力的高校大学生可持续发展为目的

所谓高校大学生可持续发展,是指具有较高的身体素质、心理素质、专业素质和道德、人文、科学与信息素质以及社会素质,特别是具有从事实践工作的专业素质,能够胜任企事业单位、政府部门管理与技术岗位工作的专业人才。高校大学生可持续发展的素质不仅包括外在的、表象层面的知识和能力,而且包括内在的、隐含在更深层次的观念与精神。高校大学生可持续发展之"应用",强调的是以专业技能和必要的社会能力为核心的职业能力,也就是"可雇佣能力"或"可就业能力";高校大学生可持续发展之"素质",强调的是学生作为一个和谐发展的人应当具有的各种非专业素质,特别是深层次的观念与精神方面的素质。对这些素质特别是观念与精神的培育,才是高等教育之"育"的集中体现,是真正的化育之功,而知识传授与能力培养所体现的主要是"教"的方面。大学本科大学生培养模式创新的目的,就是要培养在知识、能力、观念与精神方面都达到较高水平,高素质、可就业能力强的高校大学生,而不能局限于培养仅有较丰富的知识和较强能力的高知识、高技能大学生。

二、坚持"四高五化"原则

"四高"即高起点、高技术、高质量、高境界,也就是教育内容和课程体系设计要高起点,瞄准国际一流水平;教育教学手段要立足于现代信息技术为教育创造的机遇与可能,尽可能地采用先进的教育教学技术与手段;教育教学活动要确保高质量,并最终实现大学生培养的高质量;所培养的大学生不仅在知识水平、实践能力等方面要有比较高的水平,而且要有比较高的思想道德境界,要有开阔的视野、宽广的胸怀和良好的道

德情操。

"五化"即经典化、国际化、自主化、生活化、网络化，也就是教育内容、教学方法和课程设置尽可能经典化、国际化；教学组织应突破课堂与教室的局限，将第一课堂与第二课堂、有形课堂与无形课堂有机结合起来，将"知"与"行"有机统一起来，将教学与日常生活、社会实践紧密联系起来，形成有利于教师自主创新教学，有利于学生进行自主探究性学习，有利于学生进行自我设计与开发的教学组织实施体系；充分利用现代网络技术，不断开辟教学内容、方法和手段的新领域、新范围，扩大信息含量，构建开放性的网络教学互动平台，形成可自由伸缩的教学时空，有效解决大众化教育条件下的师生交流互动障碍，更好地满足学生多样化的学习需求。

"五化"是"四高"的基本保证，因为只有坚持经典化、国际化、自主化、生活化、网络化，才能确保实施高起点、高技术、高质量、高境界的教育。而"四高"与"五化"的核心和重点是教学内容的经典化、国际化，教学模式的自主化。所谓经典化，就是尽可能地将各学科的原创性经典引入教学内容，选择国际一流的经典性教材，具体包含四个层次：中外文化经典、学科经典、专业经典和课程经典。每一个层次又包含三个基本方面：经典著作、经典人物、经典案例，以此构建教学内容与课程体系和教学辅助文献资料体系。所谓国际化，就是尽可能选择国际一流教材，特别是要开设系列基于国际一流原版教材的双语课程，确保教学内容的先进性，培养学生国际化的视野和从事国际化工作的能力，更好地适应经济社会全球化发展的需要。所谓自主化，就是要将培育学生的主体性作为教学模式改革的核心。

三、以培养目标形成模式改革创新为突破口

培养目标无疑是影响大学生培养水平与质量的首要因素。培养目标出现了偏差，与社会需求和学生个人就业及未来发展的需求不一致，即使后续的各种教育教学活动做得很好，也达不到预期的目的。事实上，如果培养目标设定不正确，特别是在所设定的培养目标下，具体确定的知识、能力与素质结构与要求不合理，后续的教育教学活动也不可能做得很好。我国高等教育已经实现了毕业生从计划经济时期的国家"统包统配"分

配工作向市场化自主择业的转变,高校大学生培养也在从学校培养推动向社会需求拉动转变。决定转变成功与否的关键就在于培养目标形成模式的改革,在于从过去主要基于专业大学生应有的理想知识、能力和素质体系确定大学生培养目标和规格要求,转变为主要基于社会需求和学生个人就业与未来发展需求确定大学生培养目标和规格要求。从这个意义上讲,大学生培养目标形成模式的改革创新,不仅直接决定高等学校培养的大学生能否与社会需要相适应,也是衔接高校大学生培养与社会需求的枢纽,是决定高校大学生培养模式能否从学校培养推动向社会需求拉动转变的第一个关键环节。

四、以培养过程组织模式改革创新为重点

大学生培养是一项延续时间长、组织环节多、参与人员复杂众多的系统工程,如何保证每一阶段、每一环节、每一参与者的努力都与培养方案设计高度一致,而不出现偏差甚至冲突,是一项复杂而又困难的工作。在大学生培养模式改革创新实践中,如果不对培养过程组织模式进行改革和创新,就很难保证处于大学生培养各分枝末梢的各项具体活动能够真正按照培养目标的要求,从学校培养推动向社会需求拉动转变,至少是很难使这种转变迅速、一致地实现。我国高等院校大学生培养过程的组织较为松散,是一种基于专业教学计划/培养方案—课程/实验教学大纲—教师授课—课程考试的松散模式,而培养方案制定者、课程/实验教学大纲编写者和教学任务承担者一般都是不同的人,很容易因认识和理解上的不一致导致实际培养活动偏离设计目标,这种偏离在课程/实验教学大纲编写时就很可能出现,到具体教学实施环节就更容易出现,也会更严重了,甚至出现教师根本不管培养方案、完全我行我素的状况。同时,大学生培养各阶段、各环节实施效果如何,整个培养方案实施效果如何,是否与培养目标一致,在现行的松散式过程组织模式下很难进行评价,事实上也没有建立相应的评价机制。现有的考核评价体系仅有培养过程末端的课程考试,综合性评价仅仅停留在表象层面,真正对培养水平与质量的评价只能交给社会,交给用人单位。也就是说,现行的培养过程组织模式实际上是单向性的,缺乏对培养过程中各阶段、各环节乃至各主要目标的监控和调整机制。很显然,这种状况是不能满足培养方案与培养过程自我改进与完善需要的。不改变这种单向性的松散型培养过程组织模式,不仅大学生培养目标的实现没有保证,大学生培养

模式从学校培养推动向社会需求拉动的转变也难以实现。

五、以教师教学模式和学生学习模式改革创新为着力点

基于自我设计与开发的高素质大学生培养模式与现行模式的本质区别在于，这种模式自始至终都以培养学生自我设计与自我开发的意识、能力和习惯为出发点和归宿点。它主要不是通过讲解灌输，而是重在通过引导学生进行自我设计与开发，将学生的学习由接受教育变成对人格的自我完善、对知识的自主探索、对素质与能力的自我培育，变"外求"为"内求"，变"接受"为"自得"，从一个对家长和教师具有高度依赖性的被设计、被开发者转变为独立自主的自我设计与开发者。为此，教师的教学活动必须由知识传授转变成对学生自我设计与开发活动的指导，将德育与智育结合起来，授业与传道结合起来，知识传授与能力培养、素质培育结合起来。教师的角色也将由知识与技能的传授者转变为学生自我设计与开发的引路人和指导者，也就是必须由"教师"变成"导师"。

六、深化教学内容与课程体系改革

按照培养高校大学生可持续发展的要求，对传统的以专业知识与技能培养为核心的教学内容与课程体系进行全面改革。①增设综合素质培养课程，加强学生道德与人文素质的培养，开阔心胸，提升境界，增强对不同文明的理解力与包容性，培育适应全球化条件发展要求的能力。②增设学科性经典课程，拓展和深化学生的学科理论基础，增强学生把握学科基本内核，在未来职业发展中拓展专业领域，适应跨学科工作的能力。③改造专业性课程：取消专业外语课，开设系列基于国际一流原版教材的双语课程，使学生在使用英语的过程中学习和掌握英语，学习国际一流的教学内容，形成国际化的视野，提升在国际化条件下的适应力和竞争力；根据管理学科各专业学生普遍存在的跨专业就业和发展的客观实际，按照"1+1+x"的方式设置专业课程，"1+1"即本专业与另一个相近的辅助专业的复合，相关课程为必修和限选，辅助专业课在数量上应涵盖两个专业的主干专业课程，"x"为学生任选课程，以此拓展毕业生的就业适应面，培养复合型大学生。④构建内外（校内外、课内外）结合的实践性课程体系，包括培养学生

自主探究性学习能力特别是调查研究能力的课程、实验课程和实习课程，注重以第二课堂学生社团活动为主要形式的隐性课程建设，形成系统的社会素质与能力培养课程体系。

七、创新实践教学模式

实践性教学环节曾经是我国高校普遍的薄弱环节，但这种状况正在改变。对财经学科而言，目前的问题主要有两点：一是与培养目标联系不够紧密；二是特色不够突出。这两方面的问题有一个共同的原因，那就是各高校对实践性教学的研究开发力度不够，实践性教学主要是供给推动式的，而不是目标拉动式的。软件开发商有什么软件就买什么软件，任课教师能开什么实验就开什么实验，而不是根据培养目标开发实验，建立实验室，购买或开发实验设备。实践性教学模式创新从根本上来讲，就是要打破这种状况，构建与大学生培养目标紧密联系的、具有特色的实践性教学模式。

实践教学包括四个基本模块：实验、实习、调查研究和校园文化活动。实践教学模式就是这四个模块的不同构造与组合。创新实践教学模式也必须从这四个模块着手，具体应做好六方面的工作：①提高实验教学的比重；②改造课程教学内容，开发课程实验项目，将各门课程中的实践性内容实验化；③创新教学方法，为学生提供更多的参与机会，特别是参与企事业单位实际工作的机会；④改革实习模式，把集中实习与分散实习、教学实习与自主实习结合起来，进一步明确和细化实习目的与内容，提高实习的有效性；⑤构建与课程教学紧密结合的调查研究能力培养体系；⑥拓展课外活动的内容，增加活动项目，创造条件让每一名学生都有机会参与活动，都能获得实践锻炼的机会。

第四节　自主与开放：财经大学生培养模式改革与创新

一、财经大学生培养的特殊性

（一）培养目标的特殊性

1. 多样性

财经学科各专业的培养目标都是多样化、多层次的。财经学科教育既要培养学生从事基层工作的能力，又必须着眼于学生的未来发展，必须有助于具备足够潜能的学生成长为高级财经大学生，成长为优秀的企业家、银行家、政府部门高级管理人员等。

2. 相似性

财经学科各专业的专业性特征较弱，专业之间差异性比较小。学生毕业后的发展更加多样化，从事相关的其他专业工作的可能性远远大于理工科专业的学生。即使从事本专业工作，其发展更多也是横向的、跨专业的，越是向高层发展，这种趋势越明显。一个企业经理应当具备的，绝不仅仅是某一个财经专业的知识与技能，而是多个财经专业的知识与技能，同时还必须具备广泛的其他学科知识。同时还应当看到，财经工作所要求的并不仅仅是专业知识与技能，对专业之外的知识与技能或者说一般性的知识与技能也比其他专业的工作有更多的要求，特别是对作为一个管理者的基本素质与能力，如组织协调能力、决策能力、沟通能力等的要求比较高。这就决定了财经学科的教育教学必须更加注重学生非专业的一般素质与能力的培养，更加注重学生发展潜能的培养，以满足学生多样化发展的需要。

3. 自主性

总体上看，财经工作的不确定性比较高，要求学生具备认识和把握不确定性问题的能力，具有洞察力、判断力以及在信息不充分的条件下抓住事物的本质，在纷繁复杂、相互冲突的各种力量之间进行协调与平衡的能力，因而对人的主观能动性要求比较高。

4. 模糊性

财经工作对显性知识与能力的要求相对较低，对隐性素质的要求则比较高，而且越是高层次大学生越是如此。这些隐性的素质往往都是综合性的，是多种知识、能力、经验乃至个人性格特征等相互融合的结果，因而很难确定究竟是什么教育使一个人具备了这些素质。从而使财经学科各专业的教学内容及课程与具体的培养目标之间的关系不很明确，更不用说一一对应了。

5. 不完备性

除理论经济学专业之外，财经专业都是实践性很强的专业，不可能通过学校教育完成对财经专业大学生的培养。

（二）教育教学模式的特殊性

财经学科培养目标模式多样，且主要传授不确定性知识，培养学生认识和解决不确定性问题的能力，以及在信息不充分的条件下抓住事物的本质，在纷繁复杂、相互冲突的各种力量之间进行协调与平衡的能力，因此适用于理、工、农、医等学科。以知识讲授、理论推导、练习、记忆、实习等有助于学生获得确定性知识和精准技能的教学模式，显然并不十分有效。因为理、工、农、医等学科的知识、方法、技能工具性更强，对使用者的能动性要求相对较低，而财经学科的知识、方法、技能精确性较低，对使用者的能动性要求相对较高，大学生培养的目标和内容差异比较大。

财经学科各专业在大学生培养中必须更加注重学生能动性的培育，因而其教育教学模式一方面必须将一般性的知识、方法、技能与具体、多变的环境条件结合起来，把一般性的知识、技能传授与培养认识问题、分析问题和解决问题的能力结合起来；另一方面必须突出学生的自主性，必须将学生置于教学过程的主体地位，把学生由被动的接受者变为自主的探究者，由局外人与旁观者变为剧中人与主角，真正参与到知识、方法的建立与能力的形成之中。不仅要学习和接受知识与方法，而且要体验、感受、领悟并进行自我建构。因而财经学科有效的教育教学模式必须是参与式的、体验式的，本质上则是自主探究式的。这样的教育教学模式必然是开放式的，主要表现在以下四方面。

1. 开放的教育

一是第二课堂在整个大学生培养中应占有较大的比重,使学生有更多自主学习、调查研究、探讨交流、组织参与活动等的机会。二是在第一课堂的教学中,课堂之外的教学应占有较大的比重,一方面给学生更多的时间和机会去为课堂学习进行资料收集整理、文献阅读思考等知识探索与建构性工作;另一方面给学生更多的机会接触实际,参与实践。

2. 开放的课堂

课堂不应被本校教师甚至本专业教师独占,而应向校外专家学者和企业事业单位实际工作者开放;课堂也不应局限于教室,而应将校内外有助于学生学习和掌握教学内容的场所都纳入其中。目的在于创造条件让学生从多种渠道获得多样化的知识与信息,并学会对多样化的知识与信息进行自我选择与整理,进而实现知识的自我建构。

3. 开放的内容

一是教学内容体系应向新知识、新信息开放,不断吸收、补充新知识、新信息,淘汰落后甚至错误的旧知识、旧信息,实现内容的自我更新与完善,使其具有时代性,确保其先进性。二是不同观点与理论之间开放,通过不同观点与理论的比较分析使学生更好地认识和把握所研究的问题,并学会进行开放性和批判性思维,掌握分析问题和解决问题的方法。三是确定性的编码知识与具有不确定性的非编码知识之间开放,确定性的编码知识通常是一般性的知识与方法,具有不确定性的非编码知识则是策略性和技巧性的,对于培养学生认识和解决不确定性问题的能力十分重要。四是理论性内容向实践开放,一方面要将实验、实习、调查研究等融入理论教学,把学生由单纯接受理论变为经验理论、建构理论;另一方面要将社会实践的结果融入对理论的分析讲解之中,对理论进行实践性批判。此外,还要将社会实践中提出的新问题、产生的新方法以及其他各种尚未得到很好的理论总结的内容纳入教学内容之中。

4. 开放的教学

教学过程不应是教师单向性的知识与技能传授过程,而应是教师与学生共同进行的知识探求过程、方法创立过程、技能形成过程,是不断的信息交互传递与反馈过程,是互动参与式的，而不是被动接受式的。因此诸如讨论（专题性研讨、小组讨论等）、案例教学、情景模拟、学术报告、讲座等方式应成为财经学科的主要教学方法。

（三）实践性教学的特殊性

1. 不完备性

一方面，财经学科各专业所培养的许多能力难以明确和具体化为可以进行分解与组合的具体技能，很难设计出针对某一项具体技能的实验；另一方面，大学也不可能创造出能够满足财经学科实践性教学需要的完备的条件，企事业单位也不可能让学生直接参与有关经济管理工作以获得必要的实践锻炼。

2. 体验性

通过实践性教学并不仅仅是获得对象化的知识，更重要的是开发培养自己。实践对象通常不是外在的物质，而是学生自己。因此财经学科的实践性教学更多的是体验式的，必须让学生有更多的机会参与其中，在参与中丰富自己的知识与情感，在参与中培养锻炼自己的各种能力，在参与中认识和感悟社会与人生。

二、自主与开放：财经大学生培养模式改革与创新

由于财经大学生培养具有以上几方面的特殊性，所以在进行大学生培养模式改革创新过程中，除了遵循大学生可持续发展培养模式改革创新的基本理念与思路之外，还必须最大限度地体现这些特殊性，创建具有财经学科特色的大学生培养模式。

1. 注重教育的终身性

教育的终身性就是教育为受教育者一生的持续发展服务或者说让受教育者终身受益的特性，表现在两方面：一是基本素质的提升，二是适应能力的增强。基本素质是指个人立身立业、适应社会生活与发展需要所必备的各种素质，这些素质代表了一个人的发展水平或者说作为人本身所达到的层次与境界。适应能力是个人可持续发展的能力，表现在三方面：一是知识与技能口径宽，就业适应面宽；二是知识基础厚，能满足多层次工作的需要，发展潜力大；三是学习能力强，职业拓展能力强。

2. 突出学生的主体性

目的在于培养自我设计与开发的意识、能力与习惯，使学生能够通过积极主动的自我设计与自我开发，在有效适应不断变换的社会需要的同时，不断提升自己，增强自身的发展能力。

3. 增强学生的参与性

一要增强课堂教学的参与性，变被动的接受式学习为主动的知识探求；二要创造更多的实践锻炼机会，特别是要让学生成为实践活动的设计者、组织者与参与者，在参与中丰富知识与情感，在参与中培养锻炼各种能力，在参与中认识和感悟社会与人生。

4. 加大教学的实践性

一要增强教学内容的实践性；二要加大实践性教学的比重，突出教育教学的应用型特征。

第四章 高校特色专业群人才培养模式改革与创新

随着科学技术的日新月异,"云、大、移、智"等技术深刻影响到社会的方方面面,5G时代万物互联,当今社会正全面进入数字时代。数字建筑时代已悄然到来。全过程的BIM(建筑信息模型)应用,建筑从虚拟模型到建成的实体,再到运维的全过程,虚拟和实体相互影响、相互促进。在数字时代,建筑将呈现数字化、在线化、智能化的三化新特性,建筑全生命周期也呈现全过程、全要素、全参与方的三全新特征。这需要新型人才,教育是人才输出的高地,教育的变革需要与社会和行业的变革同步。新设计、新建造、新运维(以下简称"三新"),建筑行业需要的新型人才。

第一节 立足高等教育新时代,开发高校特色专业群建设新范式

一、高等教育新时代呈现产教融合大趋势

(一)建筑行业新政策

在教育领域发生变革的同时,随着新技术推动的产业升级,各行各业也发生了重大变革。新时代的教育如何走,人才培养如何与行业变革和趋势紧密结合,如何培养真正符合市场需求的人才,成为每个教育管理者都应该深入思考的课题。

社会和时代发展的同时,国家也在通过政策的积极引导,让所有参与其中的社会单元跟上时代和国家的战略步伐,反过来政策和行业趋势也推动关联社会单元的发展,相关社会单元也应积极响应时代的召唤。近五年来,我国建筑工程行业相继出台了BIM技术、装配式建筑、工程总承包、全过程工程咨询、工程造价咨询、电子招标投标等一系列相关的产业政策,新政策正在对建筑工程教育产生着重要的影响,新政策对创新型人才的岗位能力也提出了新的需求。

（二）建筑教育新方向

建筑行业政策的发布和出台是与行业的技术发展趋势相辅相成的，建筑行业的新技术和新趋势也是建筑教育需要结合的新方向，这也是产教融合的真正内涵。

1. 数字建筑

随着科学技术的日新月异，"智能设备、物联网、移动互联网、BIM、大数据、云计算、VR/AR（虚拟现实/增强现实）、AI（人工智能）、3D打印"等技术深刻影响到社会的方方面面，5G时代万物互联，当今社会正全面进入数字时代。数字时代"物理世界""数字世界""意识世界"被称为"三元世界"，它们相互促进、共同进化、共生发展。数字建筑时代已经悄然到来。全过程的BIM应用，建筑从虚拟模型到建成的实体，再到运维的全过程，虚拟和实体相互影响、相互促进。数字时代，建筑将呈现数字化、在线化、智能化的三化新特性，建筑全生命周期也呈现全过程、全要素、全参与方的三全新特征。随之而来的是行业新的变化和趋势，"新设计、新建造、新运维"将是未来建筑业新业态。数字建筑是指利用BIM和云计算、大数据、物联网、移动互联网、人工智能等信息技术引领产业转型升级的行业战略。它结合先进的精益建造理论与方法，集成人员、流程、数据、技术和业务系统，实现建筑的全过程、全要素、全参与方的数字化、在线化、智能化，从而构建项目、企业和产业的平台生态新体系。其中，"新设计"即全数字化样品阶段，"新建造"即工业化建造，"新运维"即智慧化运维。"三新"的提出恰逢其时，驱动建筑产业变革和创新发展。当下，人们对生活品质的要求越来越高，对建筑产品和居住环境的要求不只是遮风挡雨、冷暖适宜，更要个性化、智能化、细节完美、绿色生态、健康宜居。那么，如何规模化建造个性化建筑产品？作为"数字建筑"核心之"三新"的提出，可谓恰逢其时地把握住了时代机遇，迎接到了未来挑战。

2. 建筑产业化

中国建筑产业化发展，从2013年国务院办公厅以国办发〔2013〕1号转发国家发展改革委、住房和城乡建设部制定的《绿色建筑行动方案》将推动建筑工业化作为绿色建筑发展的重点工作以来，建筑产业化、装配式建筑等越来越成为社会关注的重点，围绕其开展的会议、文件、精神也越发密集。与传统的建筑工程建设方式相比，建筑产业化具有四大优势：一是寿命长。装配式建筑技术的设计使用寿命在100年以上，外墙保温与墙体一体化生产与安装，与建筑同寿命，保温效果更加显著，大大减少后期维护成本。二是效率高。工业化生产，二次结构与主体同步安装，大大提高施工效率。三是质量优。工厂化、机械化生产，减少现场的人工操作，更加精细，减少跑、冒、滴、漏等质量通病。四是更绿色。在"四节一环保"方面更见成效，与传统的建筑工程施工工艺相比，预制装配式节能率达20%，生产过程无水资源浪费。建筑产业化、装配式建筑的相关知识成为建筑各专业学科的基础知识，相关行业技能的培养也成为人才培养的新需求。

3. 全过程造价

随着我国城镇化率的提升、基础设施的完善和"一带一路"倡议的推进，我国建筑业市场空间巨大。另外，随着国家和社会对建筑质量、节能环保的重视，建筑业逐步转型和升级，促进了装配式建筑、BIM技术和绿色建筑等建筑理念和技术在我国的普及。工程总承包、全过程工程咨询等业态和商业模式也受到各级政府的鼓励与支持。全过程造价离不开数字化，因此，数字造价的概念应运而生。数字造价管理是指利用BIM和云计算、大数据、物联网、移动互联网、人工智能等信息技术引领工程造价管理转型升级的行业战略。它结合全面造价管理的理论与方法，集成人员、流程、数据、技术和业务系统，实现工程造价管理的全过程、全要素、全参与方的结构化、在线化、智能化，构建项目、企业和行业的平台生态圈，从而推动以新计价、新管理、新服务为代表的专业转型升级，实现让每一个工程项目综合价值最优的目标。BIM、云计算、大数据等数字化信息技术，结合全面造价管理的理论与方法，搭建数字化的协同平台和共享的生态系统。通过数字化协同平台，实现工程造价管理的数据结构化、实时在线化、应用智能化。通过共享的生态系统来驱动工程造价专业全过程、全要素、全参与方适应数字技术和数字经济的"云、网、端"转型、升级，形成行业内开放、共享、共建的新工作方式，来共同实现让每一个工程项目综合价值最优的目标。数字造价的这些特性将给造价管理带来巨大的变化，也将建立新的造价管理工作模式。

二、高校特色专业群建设的新范式

职业教育持续发展和增长的动力转换，核心是要依靠教育理念创新、体制机制创新、培养模式创新，突破"瓶颈"，推动从关门办学迈向开放办学，形成以"产教融合"为主要引领和支撑的人才培养体系和发展方式，成为当前高校转型升级的关键。

行业变革推动高校教育转型，国家政策也为高校教育转型提供保障。对高校而言，为响应新时代、新理念、新要求，在"产教融合、校企合作"大背景下，高等院校职业教育转型逐步落地实施，校企联合打造如优质专业群、新工科、学徒制等新兴学科或育人模式，同时向优质院校、骨干专业、联合办学等创新模式转变。

作为服务于中国建筑行业建造者、运维者和使用者的信息化平台运营商和引领者，广联达一直致力于为客户提供建设工程全生命周期的信息化解决方案。近年来，校企双方紧密围绕"产教融合、协同育人"这个大主题，左手产业，右手教育，合作搭建校企行政四维度的合作生态图谱，共同开发基于建筑数字化、教学信息化的"产教融合、校企共育"人才培养新范式。

（一）校企共建师资平台

校企双方共同设立以"双师型"为导向的系统化师资培养方法论，确定以阶段性成果为目标的师资培养模式，围绕信息化技术思维，通过开展线上教学与学习、线下培养与交流，从认知能力、应用技能开始逐步向专业能力、教学应用，以及教学设计能力的方向发展。

（二）校企共建教学质量评估体系

针对目前高校教学质量评估，在校企合作的基础上，以学生为中心，借助于信息化技术，通过大数据后台，共同打造全过程教学评估标准；以学生为中心，以数据为依托，构建基于大数据的高校教学质量评估体系，以支撑高校教学质量评估工作。

（三）校企共研课程思政思路

校企双方共同探索课程思政的建设，包括通识教育必修课程、专业必修课程等各类课程。依据课程特点，深入挖掘课程蕴含的思想政治教育元素，有机融入家国情怀、法治意识、社会责任、人文精神、仁爱之心、职业素养等思政元素，展示了各具特色的教学设计和教学风采。

第二节 以"立德树人"为根本，创新高校特色专业群人才培养模式

《国家教育事业发展"十三五"规划》提出：坚持立德树人。将立德树人作为教育的根本任务，培养德智体美劳全面发展的社会主义建设者和接班人。要遵循教书育人规律、遵循学生成长规律，以学生为主体，以教师为主导，创新育人模式，培育和践行社会主义核心价值观，不断提高学生思想水平、政治觉悟、道德品质、文化素养，让学生成为德才兼备、全面发展的人才。

一、陕西交院特色专业群的基本内涵与组群逻辑

（一）高职专业群的基本内涵与组群逻辑

1. 高职专业群的基本内涵

高职专业群具有教育性、职业性、协同性、开放性、系统性、创新性六大基本属性。

（1）教育性

产业发展带来复合型技能人才需求是专业群产生的根本原因，高职专业群的主要任务与核心功能是人才培养。

（2）职业性

它是职业教育的逻辑起点，职业关系是专业群专业组合的依据。面向相同的职业岗位群是专业之间组群的客观条件。职业岗位群界定了组群专业的外延，也明确了专业群建设的根本任务是服务该职业岗位群内学习者的职业生涯发展。

（3）协同性

高职专业群将不同专业按照职业联系组合在一起，群内各专业之间是协同关系，具有相对独立性。专业群提供了新的专业建设路径，群内的优势专业起辐射带动作用，各专业都有特定的培养方向，相互融合，协同育人。

（4）开放性

与单个专业相比，专业群更能适应市场发展需求，充分发挥跨专业的优势，满足企业在职业培训、技术研发等方面的综合性需求。高职专业群建设与普通高等教育学科建设的根本区别就在于其具有更强的开放性，通过开展"产教融合、校企合作"模式，行业企业能够深度参与高职专业群建设。

（5）系统性

作为一个系统，高职专业群不仅要培养并向外输送高素质技术技能型人才，还要注重加强自身内部建设，使群内各专业的结构关系、培养模式、课程体系、实践条件、师资队伍等要素不断完善。

（6）创新性

随着传统产业转型和新兴产业快速发展，信息化社会也对众多职业提出了更高要求，促使高职专业群建设必须与时俱进，不断调整，持续创新，从而提升服务产业的能力和人才培养的质量与水平。

2.高职专业群的组群逻辑

（1）关注专业群与产业的对应性

高职专业群是高职院校应对区域经济中某一个产业的产业链发展，以及该产业链的上下游产业链条发展而开设的专业组群。高职专业群能否适应区域产业发展需求，能否服务国家战略和区域支柱产业发展，是其能否长远发展的根本所在。高职院校应重点考虑区域产业发展需求与自身办学特色的契合度，采用"一对一""一对多"或"多对一"的方式对接产业组建专业群。

（2）关注专业群内各专业之间的协同性

专业群内各专业之间的关系取决于该专业群是否能够充分体现其对应职业岗位群内各职业分工之间的逻辑关系，各专业方向不仅要能够体现出人才的职业生涯发展路径，以及相关职业之间胜任能力的综合培养，还要能够实现专业群内各专业优势资源的聚集效应，形成优势互补、协同发展的专业群建设机制。

（3）专业群要兼具稳定性与灵活性

高职专业群是一个完整的技术技能人才培养体系。从形成组群，历经建设积累，再到发展壮大是一项系统工程，因此，高职专业群建设必须具有稳定性。同时，考虑到职业教育的特殊性，在保持相对稳定性的前提下，高职专业群建设也要强调灵活性，主动适应产业发展的多样化需求，不断优化、持续完善专业群结构，始终注重加强自身内涵式建设。

（二）陕西交院特色专业群的构建

传统建筑业发展模式粗放，生产力水平低下，已不能满足建筑业现代化的需求；停留在过去依靠经验、仅靠人力的时代，已无法提升生产力水平，也无法降低资源消耗并减少污染物排放。产业升级要求建筑企业拥有一套"数字神经系统"，并且"与大自然和谐发展"，即实现"智慧建造"（Intelligent Construction，IC）。智慧建造要求建筑企业能像制造企业一样，具有精细化管理的能力，需要推进基于BIM技术、互联网数据库技术的建筑业信息化，从而将建筑企业管理和项目管理升级到依靠数据、依靠系统科学管理的水平上来。在这样的背景下，企业以市场需求为导向，引领创新，驱动创新，向创新要市场、要效益，建筑企业要在数字化设计、标准化生产、装配化施工、整体化装饰、信息化管理、智能化应用等方面率先转变生产方式。我国智慧建造面临着核心技术、信息安全、标准规范、体制机制等方面的制约，特别是专业技术人才、管理人才缺乏，严重制约了智慧建造的发展。契合行业需求，培养专业群的智慧建造人才迫在眉睫。

我国高等职业教育教学实践表明，传统的人才培养模式存在着重理论轻实践的弊端，学生缺乏职业技能和职业素养的科学训练，培养出的人才与社会实际需求相脱节，难以适应智慧建造。为此，基于以上针对高职专业群的基本内涵与组群逻辑的研究，项目组确定了"深化校企合作，服务智慧建造"的目标，提出了"吻合产业升级方向，改革人才培养模式"的思路，依托陕西交院专业群积淀的传统优势，以建筑工程技术专业为试点，探索人才培养新模式。自2016年以来，陕西交院建筑测绘学院紧密围绕我国西部地区建筑行业产业发展，按照"对接行业、工学结合、提升质量、服务经济"的建设思路，以建筑工程技术专业为核心，辐射带动建筑工程技术（智慧建造）、建筑装饰工程技术、工程造价（建筑工程造价）等三个专业的建设与发展，契合我国建筑行业产业需求，服务西部地区经济发展，构建并打造陕西交院特色专业群。

二、陕西交院特色专业群人才培养模式改革与创新

项目组梳理了高校教育的传统理论，分析了最新理论所倡导的先进理念，制定了陕西交院特色专业群智慧建造复合型技术技能人才培养模式创新与实践的技术路线。

自 2006 年以来，项目组针对陕西交院特色专业群建设，开展了一系列研究与实践工作。2006 年，"建筑工程技术专业教学改革研究"项目组成立，开始研究以工作过程为导向的职业教育课程改革。2007 年，陕西交院主持召开了全国交通运输类职业院校土建专业教学改革研讨会，与人民交通出版社签订了出版建筑工程技术专业系列教材的合同，项目组成员编写了我国第一部以建造任务驱动的项目化教材《建筑工程造价》，取得了良好效果。此后，项目组又陆续完成了 11 项教学改革研究项目，为陕西交院特色专业群人才培养模式的改革与创新奠定了扎实的理论基础。2011 年，项目组完成了陕西省教育科学"十一五"规划课题"能力本位模式下建筑工程技术专业项目化教学改革研究"，荣获 2013 年陕西省教育教学成果二等奖。2012 年，项目组完成了中国职业技术教育学会规划课题"建筑工程技术专业校企合作工学结合人才培养模式研究"，荣获该学会优秀科研成果二等奖；项目组成员编写的工学结合特色教材《钢筋混凝土结构与砌体结构》荣获陕西省高等学校优秀教材二等奖。2015 年，"契合行业需求，服务智慧建造，建筑工程技术专业人才培养模式创新与实践"成果荣获陕西省人民政府教育教学成果特等奖。以上陕西交院特色专业群的教育教学研究成果很好地促进了建筑工程技术专业发展，该专业先后被确定为陕西省高等职业教育重点专业、陕西省专业综合改革项目、教育部创新发展行动计划骨干专业、陕西省"一流专业"培育项目。

在此基础上，以建筑工程技术专业为核心，项目组针对新时代智慧建造数字化设计、标准化生产、信息化施工、精细化管理发展方向，深入研究智慧建造业与高校特色专业群内各专业结构的对应关系；基于建筑工程技术专业的人才培养现状，从"三合一、全过程"工学结合创新型人才培养模式内涵出发，以建筑工程技术专业"三层递进、分段

实施"人才培养模式为基础，以服务智慧建造为出发点，以深化产教融合为切入点，以提升服务产业能力为着力点，修订并不断完善工学结合创新型专业群人才培养方案，持续优化专业群课程体系，进一步完善、凝练并创新构建了基于广联达工程教育"校中企"为平台纽带的陕西交院特色专业群"岗位导向、三层递进、分段实施、德技并修"创新型人才培养模式。其中："三合一、全过程"是指"'学生员工身份合一、学做合一、课堂工地合一'和'全生产过程'"。"岗位导向"是指"以职业岗位能力作为人才培养和学生就业的导向"。"三层递进、分段实施"是指"'专业基本能力、专业专项能力、专业综合能力'三层递进，'体验式'岗位认知、'项目式'工学交替、'实战式'顶岗实习分段实施"。"德技并修"是指"品德与技能共同培养"。以建筑工程技术专业为核心，辐射带动了陕西交院特色专业群的其他三个专业（方向）的人才培养模式改革。

第三节 基于数字建造"三新"驱动，优化高校特色专业群课程体系

一、数字建造"三新"驱动的基本内涵与产业发展需求

作为"数字建筑"的核心，"新设计、新建造、新运维"（"三新"）使得建筑业的未来更加充满想象力。

（一）"新设计"，即全数字化样品阶段

在实体项目建设开工之前，集成项目各参与方与生产要素进行全数字化打样，进而消除工程风险，实现设计、施工、运维等全生命周期的方案和成本优化，保障大规模定制生产和施工建造的可实施性。"新设计"的价值，不只体现在二维图纸的突破、三维模型的进化上，这一"全数字化样品"包含了参建各方对设计、采购、生产、施工、运维各个阶段的数字化PDCA循环模拟，即从协同设计、虚拟生产、虚拟施工到虚拟交付的全方位虚拟实践。个性化房屋不需要二次拆改，消费者只要提前通过VR、AR等交互式体验定制出想要的户型、家居风格和摆设等产品模型，开发商就可以基于"全数字化样品"进行规模化定制，按需建模、一户一房。另外，这种全参与方基于同一平台全过程虚拟交付的数字化打样，也同步解决了协同设计这一建筑领域难题，更在最优设计方

案的基础上，形成了可行的施工方案和明确的商务方案，是工业化建造的保障。

（二）"新建造"，即工业化建造

基于软件和数据形成建筑全产业链的"数字化生产线"，将工厂生产与施工现场实时连接并智能交互，实现工厂和现场一体化及全产业链的协同，使图纸细化到作业指导书，任务进程具体安排到工序，工序工法标准化，最终将建造过程提升到工业级精细化水平，达成浪费最小化、价值最大化。"新建造"也将摆脱传统建造模式，甚至将是装配式建造的再升级。这一"工业化建造"方式，极大地缩小了建筑业在生产效率、成本控制、产品质量等方面同制造业的巨大差距，是建筑领域工业级精细化水平的集中体现。其巨大的价值主要体现在三个方面：一是基于工序级末位计划，实现全过程精益建造。具体过程是这样的：工程开始建造，调度系统先将整个施工计划逐级拆解细化至包含作业指导书、作业辅助程序和自检程序的工序级任务包，然后精确到小时级自动安排进程，并按照进程顺序和约束条件向各单元推送，最终形成动态反馈和智能优化的闭环，使建造过程变得精益求精。二是"厂场一体化"实现全产业链协同与柔性生产。在生产工厂，通过"全数字化样品"，加工数据可以无缝传递到数字化加工设备，进行自动化的数字加工和柔性生产。在施工现场，将工厂生产的构件、部品部件进行装配式施工，还可利用智能化设备进行精密安装与质量检验，提高效率与精确度，最终实现厂场联动。三是虚实融合的智慧工地，实现智能作业与高效管理。在智慧工地，施工人员穿戴上智能设备，可随时识别身份、接收任务包、追踪和分析人员活动轨迹和分布、识别安全风险并智能预警干预。另外，施工机械装配远程控制和传感模块，现场所有生产材料和待装配的构件、部品部件都带有电子标签，详细记录材料的进出场、检验、物流、使用、质量等，也更方便快速查阅资料，使机械、材料管理更智能。

（三）"新运维"，即智慧化运维

通过以虚控实的虚体建筑和实体建筑，实时感知建筑运行状态，并借助大数据驱动下的人工智能，将建筑升级为可感知、可分析、自动控制乃至自适应的智慧化系统和生命体，实现运维过程的自我优化、自我管理、自我维修，并能提供满足个性化需求的舒适健康服务，为人们创造美好的工作和生活环境。"新运维"将使建筑成为自我管理的"生命体"，充满了科技感和想象力。当建筑及相关设施被嵌入传感器和各种智能感知设备，就如同拥有了人的感知，成为人工智能的生命体。通过自适应的感知和预测人的各种需求，再基于大数据、云计算等数字技术，可以实现建筑的温度、湿度、亮度、空气质量、新风系统的主动调控，为人们提供舒适健康的建筑空间和人性化服务。例如，当你进入办公区域，系统通过身份识别、衣物感知、个人习惯等，主动将办公环境调节到完美状态。对照明、空调等能耗设备的运行状态进行智能管理，也可以使建筑运维更低碳、绿色、生态。更加值得注意的是，当智慧化运维成为现实，建筑空间甚至可以和单车一样实现共享，如会议室、办公设备、停车位等，将闲置资源充分利用，并连接形成社会生态圈，可谓一举多得。

二、整体重构与优化高校特色专业群课程体系

（一）高校特色专业群课程体系整体重构与优化的基本思路

课程是专业的细胞，专业是课程的组合。专业群建设最核心的任务就是以群为口径，重构课程体系。在传统专业模式下，课程内容过窄，学生很少涉猎专业外的知识，不利于了解职业的整体情况，不利于形成创新思维和综合素养，进而影响职业生涯的岗位迁移与持续发展。同时，课程安排过于刚性，每个专业的课程设置和课程内容都是预先设定的，学生入学时选择了专业，就几乎相当于选定了全部的学习内容和全程的学习进度。这种刚性安排不利于调动学生的学习兴趣和个性发展。

专业群课程体系一般为"底层可共享、中层可融合、上层可互选"的有机组合结构。底层可共享是指整合群内各专业所必须掌握的知识、技能和素质，面向群内所有专业学生开设，帮助他们形成对职业领域的整体认知，掌握职业通用能力。中层可融合是指依据各专业所对应的职业岗位所需的核心职业能力确定课程安排，面向本专业学生开设，使学生具备从事专业领域内各岗位的职业能力。上层可互选是指密切跟踪产业发展和市场需求，实时开发更新模块课程，供学生根据个人兴趣和职业规划选择学习。新的专业课程体系实现从宽口径职业领域到专门化就业岗位的人才培养，为学习者构建起通往某一种职业岗位系列的学习路径，将学习者的学习路径与就业目标，以及职业生涯发展联系起来，使学习与工作对接。

（二）陕西交院特色专业群课程体系整体重构与优化的做法

项目组针对建筑业"数字建造'三新'驱动"产业升级时期的人才需求进行了深入的调研分析，契合"产业生态化、生产标准化、施工信息化、管理精细化"的要求，开发了建筑工程技术专业、建筑装饰工程技术专业、建筑工程技术（IC）专业和工程造价（建筑工程造价）专业，四个专业形成了专业群"四位一体"人才培养目标体系；开发建设"专业公共基础""专业技能形成""专业技能拓展"和"专业素质提升"四个课程群；形成"理实一体、工学交替、校企合作、项目驱动"四种教学实施方法，协同共建"专业方向优化、课程内容更新、育人过程协同"三项教学运行新机制，最终形成了具有"陕西交院'4443'特色"的高校专业群人才培养模式改革与课程体系重构的具体做法。

历经十余年的研发与实践，不断完善并创新了服务智慧建造的陕西交院特色专业群"岗位导向、三层递进、分段实施、德技并修"人才培养模式。其具体包括以下四点：

第一，准确把握高校特色专业群人才培养服务智慧建造业的特性，运用能力本位教育（Competency Based Education，CBE）模式理论方法，研发了服务智慧建造设计、生产、施工、管理基本任务的"四位一体"人才培养目标体系。

第二，创新形成服务智慧建造的建构主义教学模块，重塑知识结构、锤炼技术技能、升华职业素养，基于CDIO模式、成果导向教育（Outcomes Based Education，OBE）模式、要素主义教学（Essentialism Education，EE）等新理论、新方法，开发了"专业公共基础""专业技能形成""专业技能拓展"和"专业素质提升"四个课程群，编写了一套智慧建造系列教材。

第三，合理序化智慧建造全寿命周期典型工作任务，开发相应学习领域，创建BIM技术教学平台，形成了专业公共基础课理实一体化、专业技能形成课工学交替化、专业技能拓展课校企合作化、专业素质提升课项目驱动化四种教学实施方法。

第四，建立完善专业方向、课程内容动态适应智慧建造需求的新方法，探索校校、校企、校地、校所协同育人新途径，创建"专业方向优化、课程内容更新、育人过程协同"三项机制。

第四节　弘扬大国工匠精神，创建陕西交院特色专业群文化品牌

一、大国工匠精神的基本内涵与现实意义

工匠精神（Craftsman's Spirit）是指在制作或工作中追求精益求精的态度与品质，是职业道德、职业能力、职业品质的体现，是从业者的一种职业价值取向和行为表现。

（一）工匠精神的基本内涵

工匠精神的基本内涵包括敬业、精益、专注、创新等方面的内容。

1. 敬业

敬业是从业者基于对职业的敬畏和热爱而产生的一种全身心投入的认认真真、尽职尽责的职业精神状态。中华民族历来有"敬业乐群""忠于职守"的传统，敬业是中国人的传统美德，也是当今社会主义核心价值观的基本要求之一。早在春秋时期，孔子就主张人在一生中始终要"执事敬""事思敬""修己以敬"。"执事敬"是指行事要严肃认真不急慢；"事思敬"是指临事要专心致志不懈怠；"修己以敬"是指加强自身修养，保持恭敬谦逊的态度。

2. 精益

精益就是指从业者对每件产品、每道工序都凝神聚力、精益求精、追求极致的职业品质。所谓精益求精，是指已经做得很好了，还要求做得更好，"即使做一颗螺丝钉也要做到最好"。正如老子所说，"天下大事，必作于细"。能基业长青的企业，无不是精益求精才获得成功的。

3. 专注

专注就是内心笃定而着眼于细节的耐心、执着、坚持的精神，这是一切"大国工匠"所必须具备的精神特质。从中外实践经验来看，工匠精神都意味着一种执着，即一种几十年如一日的坚持与韧性。"术业有专攻"，一旦选定行业，就一门心思扎根下去，心无旁骛，在一个细分产品上不断积累优势，在各自领域成为"领头羊"。在中国早就有"艺

痴者技必良"的说法,如《庄子》中记载的游刃有余的"庖丁解牛",《核舟记》中记载的奇巧人王叔远等。

4. 创新

工匠精神还包括追求突破、追求革新的创新内蕴。古往今来,热衷于创新和发明的工匠们一直是世界科技进步的重要推动力量。中华人民共和国成立初期,我国涌现出一大批优秀的工匠,如倪志福、郝建秀等,他们为社会主义建设事业做出了突出贡献。改革开放以来,"汉字激光照排系统之父"王选,"中国第一、全球第二的充电电池制造商"王传福,从事高铁研制生产的铁路工人和从事特高压、智能电网运行研究的电力工人等都是工匠精神的优秀传承者,他们让中国创新重新影响了世界。

(二)工匠精神的现实意义

工匠精神在当今企业管理中有着重要的学习价值。当今社会部分企业一味追求"短、平、快"(投资少、周期短、见效快)带来的即时利益,从而忽略了产品的品质灵魂。因此,企业更需要工匠精神,才能在长期的竞争中获得成功。当其他企业热衷于"圈钱、做死某款产品、再出新品、再圈钱"的循环时,坚持工匠精神的企业,依靠信念、信仰,专注于产品不断改进、不断完善,最终通过高标准要求历练之后,成为众多用户的骄傲。无论成功与否,在这个过程中,他们的精神是脱俗的,也是正面积极的。工匠精神是一种精神,而不是具体做法。这种精神就是匠人精神。所谓工匠精神,一是热爱你所做的事,胜过爱这些事给你带来的经济效益;二是精益求精,精雕细琢。精益管理就在于"精""益"两个字。在工匠精神的概念里,一个匠人把一件工作从60%提高到99%和从99%提高到99.99%是两个完全不同的概念。具有工匠精神的匠人不跟别人较劲,从来就是只跟自己较劲。

二、陕西交院特色专业群文化品牌创建

(一)陕西交院的校训、治校方略与校园文化建设

陕西交院是由陕西省人民政府创办的高等职业院校,以培养高素质交通运输技术技能人才为宗旨,是国家紧缺性技术技能人才培养基地,被誉为中国西部"交通建设管理

人才的摇篮"。学校前身为成立于1952年的陕西省人民政府交通厅干部训练班，1956年改称陕西省交通学校，2001年升格高等职业院校定名为陕西交通职业技术学院。2011年陕西交院由省交通运输厅划转至省教育厅管理，实行省教育厅、省交通运输厅共建机制。建校以来，学校秉承"德技并修、交融成才，知行合一、通达天下"的校训，坚持"依法治校、质量立校、人才兴校、特色强校"治校方略，形成了爱岗敬业、追求卓越、严谨负责、争创一流的"陕西交院精神"，培育出了吃苦实干、爱岗敬业、默默奉献、图强创新的"铺路石精神"，累计培养交通运输技术技能人才7万余名。

（二）陕西交院特色专业群文化品牌建设

陕西交院建筑测绘学院成立于2016年，前身为创办于2001年的陕西交院公路工程系，现开设建筑工程技术、建筑工程技术（智慧建造）、建筑装饰工程技术、工程造价（建筑工程造价）、工程测量技术、市政工程技术（城市建设与管理）和机场场务技术与管理（机场飞行区建设）等七个专业。其中，建筑工程技术专业创办于2002年（原专业名称为土木工程施工与管理，于2005年更名为建筑工程技术），是陕西省高等职业教育重点专业、陕西省专业综合改革项目和陕西普通高校"一流专业"培育项目。10多年来，通过深化产教融合，陕西交院与广联达、陕建二建等14家土木建筑行业知名企业签订协议，校企共建实训基地。与广联达校企合作投资600余万元，建成BIM仿真实训中心，将广联达BIM培训基地引入学校；聘请陕建二建的专家举办"建筑行业人才发展需求及就业展望"学术报告会，将企业文化引入学校。截至目前，在陕西交院BIM仿真实训中心文化建设、专业群教研室文化建设的基础上，已构建并凝练形成了陕西交院特色专业群"智慧建造，广厦万千；创新发展，数字世界"的人才培养质量文化体系。

第五节　陕西交院特色专业群教学举措

一、探索"1+X"BIM证书制度试点和国家学分银行建设

据调研，当前我国建筑行业企业主要需要四类BIM技术人才，即基本建模人员、复合技能人员、顾问级人才和BIM科研人员，对应的恰好是"1+X"建筑信息模型（BIM）职业技能等级证书的初、中、高三个等级。"1+X"证书制度可以有效解决企业面临的人才紧缺问题，建议广大企业通过BIM工程实践经验"进教材、进课堂"的方式，与职业院校开展合作，联合培养BIM人才。同时，可以采用"土木工程＋软件工程"的"跨界式"模式培育院校人才，对企业各级科研岗位进行充实，为企业原创知识产权的形成乃至科技创新能力的持续发展夯实基础。

为了推进"1+X"证书制度试点工作，2019年上半年，陕西交院建筑测绘学院多次参加由教育部职业技术教育中心研究所、全国住房和城乡建设职业教育教学指导委员会及中国建设教育协会指导，廊坊市中科建筑产业化创新研究中心主办的"1+X"BIM职业技能等级证书制度试点工作说明会，依托陕西交院BIM仿真实训中心，积极申报"1+X"建筑信息模型（BIM）职业技能等级证书制度试点院校，目前已进入申报备案阶段。教育部职业技术教育中心研究所是建筑信息模型（BIM）证书的审批单位，发证机关是廊坊市中科建筑产业化创新研究中心。通过试点，将进一步促进校企深度合作，建好用好陕西交院BIM仿真实训中心；深化陕西交院特色专业群教师、教材、教法"三教"改革，探索建设职业教育国家学分银行，构建国家资历框架，从而推进"1"和"X"的有机衔接，提升陕西交院特色专业群的职业教育质量和学生就业能力。2020年3月，陕西交院建筑测绘学院已着手申报第三批"1+X""建筑工程识图职业技能等级证书"和"装配式建筑构件制作与安装职业技能等级证书"制度试点院校，目前正处于网上申报阶段。

二、做好专业群扩招后教育教学工作的具体举措

积极响应李克强总理在2019年《政府工作报告》中提出的"高职扩招100万"号召，

针对普通高中、中职（含中专、技工学校、职业高中）毕业生或具有同等学历的退役军人、下岗转岗失业人员、农民工和新型职业农民四类群体，陕西交院特色专业群内建筑工程技术、工程造价（建筑工程造价）两个专业扩招110人，学制为2~5年，学历大专，学习形式采用弹性教学时间与多元教学模式，并校企合作制定了两个专业（扩招）人才培养方案。

根据教育部等六部门《高职扩招专项工作实施方案》《陕西省高职扩招专项工作实施方案》等文件要求，按照现代高职教育理论及教育部、财政部关于高职教育的有关文件精神，紧密结合陕西省建筑行业转型升级战略规划的发展要求，按照"对接行业、工学结合、提升质量、服务经济"的建设思路，以就业为导向，服务区域经济和社会发展，贯彻德技并修、工学结合思想，准确把握专业建设理论和专业核心内容；在开展各种形式的专业研讨会、深入企业仔细调研和对往届毕业生反馈意见认真分析的基础上，根据高职高专职业能力培养目标、行业（企业）需求、社会需求和学生就业分布状况，在陕西交院特色专业群"岗位导向、三层递进、分段实施、德技并修"创新型人才培养模式改革引领下，按照"调研—岗位群分析—岗位能力分析—课程设置—课程内容选取"的工作步骤构建课程体系。

（一）建筑工程技术专业（扩招）人才培养模式改革与课程体系构建

1. 人才培养模式改革

基于对从事建筑工程施工与管理相关工作的复合型技术技能人才培养的需求，以服务智慧建造为出发点，以深化产教融合为切入点，以提升服务产业能力为着力点，以岗位能力培养为目标，实施弹性学习年限（最少不低于2年，最多不超过5年），采取灵活多元的教学和考核评价模式，建立工学交替的教学组织形式，推进学历证书和职业技能等级证书互通衔接，引导参与"1+X"证书制度试点；采用线上线下混合教学方法，运用项目教学、案例教学、信息化教学等多种教学手段，形成了建筑工程技术专业（扩招）"5432"人才培养模式。其具体含义："5"是指针对建筑工程施工现场中识图、测量、检测、施工和管理五个方面能力制定人才培养目标体系；"4"是指以学生专业核心能力培养为目标，设置"公共基础课程""专业基础课程""专业核心课程"和"专业拓展课程"四个学习领域形成能力递进的课程体系;"3"是指建筑工程技术专业课程考核,注重过程性考核,用以赛代考和考取资格证书的方式打造出"岗—证—课"三位一体的课程体系;"2"是指落实"1+X"(建筑信息模型技术员)证书制度,在夯实学生基础的同时,强化职业素质、知识和能力,补充新技术、新工艺、新规范、新要求,拓展职业领域、职业能力。坚持以学生为中心,进一步提高人才培养质量,畅通技术技能人才成长通道。

2. 课程体系构建

根据建筑工程技术专业(扩招)人才培养目标确立的"5432"人才培养模式要求,课程开发以真实工作项目的工作过程为主线,按照工作过程需要选择知识,以施工员、建筑信息模型技术员等岗位能力培养为目标,以行业和职业资格要求为标准,以真实工作任务及工作过程和专业技能大赛所需要的素质、知识、能力要求为依据,按照具体工作→具体岗位整合→职业资格证书需求→构建专业核心学习领域→设计学习单元的基本流程,构建建筑工程技术专业(扩招)基于岗位职业能力培养的"岗—证—课"三位一体的课程体系。构建建筑工程技术专业(扩招)理实一体的课程体系,按照"理论以必需、够用为度,突出岗位能力"的原则,实践实训课时占65%;按照学生专业能力在建筑施工过程中的递进关系,采用"单项技能→施工管理能力→专业综合能力→顶岗能力"四个阶段岗位能力培养的方式进行职业岗位能力培养。

建筑工程技术专业(扩招)主要面向陕西省及西部地区,服务于建筑、交通土建等行业,适应生产、建设、管理一线需要,培养德智体美劳全面发展,具有良好的专业精神、职业精神和工匠精神,具备较强的就业能力、一定的创业能力和支撑终身发展的能力,具有熟悉行业的技术标准、规范,能够熟练掌握建筑工程技术专业知识和技术技能,具有建筑技术工程施工与管理一线需要的工程实践能力和BIM技术应用能力的"德修身、会做人、懂设计、精施工、会管理"的复合型技术技能人才。

(二)工程造价(建筑工程造价)专业(扩招)人才培养模式改革与课程体系构建

1. 人才培养模式改革

工程造价(建筑工程造价)专业(扩招)采用"项目贯穿,工学交替,能力递进"

的人才培养模式，实行弹性学制，线上线下混合式教学。其具体实施内容："项目贯穿"是指以框架结构建筑为主，框架—剪力墙结构建筑为辅，办公楼、住宅楼和商业综合体三个项目作为教学载体，贯穿专业基础学习领域到专业核心学习领域的整个教学过程。从识图、建模、算量、计价等全过程以此作为贯穿训练项目，学生所学的专业知识被有效组织序化，专业能力也得到了系统训练。课堂教学采用线上线下混合式教学模式，促使学生真学、真做、真练，掌握真本领。"工学交替"是指按照工程造价完整的工作过程建构相应知识、能力、素质标准与相应的学习领域，最终构建工程造价专业知识、能力与素质标准体系。校内的专业课程教学阶段采用教、学、做一体的形式，专业教学主要采用实践教学、任务驱动、仿真训练等教学模式，最终使学生具有职业岗位工作的基本能力；校外的综合实践采用顶岗实习教学模式，经过校外的综合实践顶岗实习，在初步具有职业岗位工作能力的基础上，学生置身于企业的实际工作情境中，结合实际工作任务完成职业教育的全过程，最终全面形成职业行动能力，使得教学成效真正落地。"能力递进"是指按照岗位基本能力、岗位核心能力、岗位拓展能力、岗位综合能力由简单到复杂、由单一到综合进行递进式培养。岗位基本能力主要培养学生识图、绘图等基本技能；岗位核心能力主要培养学生软件应用、计量计价等技能；岗位拓展能力主要培养学生设备识图、安装预算、BIM造价应用等技能；岗位综合能力是以办公楼、住宅楼、商业综合体作为载体，通过综合性的建筑造价实训，培养学生工程项目计量与计价的综合应用能力。工程造价（建筑工程造价）专业（扩招）以"项目贯穿、工学交替、能力递进"的人才培养模式，坚持专业人才培养模式与专业人员职业标准相结合，突出实用性、实践性、职业性的原则，使学校与社会教育资源优化组合，线上与线下教学融合，就业与知识能力素质培养有机综合，学历教育与职业资格培训相互结合。

2. 课程体系构建

根据本专业人才培养目标确立了"项目贯穿，工学交替，能力递进"的人才培养模式，构建工程造价（建筑工程造价）专业（扩招）"一主线、三融合、三层次"课程体系框架，即课程开发以工作过程为主线，按照工作任务要求选择知识；课程设计与媒体资源融合，课程的难度、深度与新颖、实用及职业资格要求融合，专业教学与立德树人融合；基于服务需求，目标导向，构建专业基础学习领域、专业核心学习领域、专业拓展学习领域三个层次的专业课程体系。

工程造价（建筑工程造价）专业（扩招）主要面向建设单位、设计单位、施工单位、造价服务、招标代理、工程监理、技术咨询或造价管理等单位，服务于建筑、交通、市政等行业，培养理想信念坚定，德智体美劳全面发展，具有一定科学文化水平，良好的人文素养、职业道德和创新精神，精益求精的工匠精神，较强的就业能力和可持续发展能力，熟练使用工程造价相关专业软件工具，掌握工程建设各阶段计量与计价、造价管理等知识技能，能够从事建筑工程概算与预算、结算与决算、招标与投标及生产与管理等岗位工作的复合型技术技能人才。

第五章 大学生培养模式总体设计

第一节 背景与依据

一、主要背景

（一）大学前的教育缺乏对学生自主性的培育

"应试教育"是我们对大学前的基础教育和高中教育的基本概括。尽管教育层次并不一样，但着眼于"应试"也就是通过升学考试进入较好的高一级学校是其共同特征。事实上，在我国，早在接受学校教育之前的学前教育尤其是家庭教育中，就严重缺乏对孩子自主性的培育，父母过于热心于按照自己的愿望，对孩子的未来与人生进行规划设计，并以此要求孩子，从而使孩子逐步养成了依赖心理。进入学校以后，上小学—升初中—升高中—上大学，已经成为青少年成长的固定模式，加上基础教育阶段普遍实行的以学校排名及升学率为目标的应试教育，即使是小学教育，也未能幸免。学习的内容、目标等，完全出于考试的需要，凡是与升学、排名无关的内容，都被排除在外，至少无论学校还是有关教师，都没有给予应有的重视。学生在整个基础教育阶段，都由家长、学校、老师共同设计着，都按照家长、学校、老师的设计，被动地接受教育。自主性的培育不仅不是教育的内容，而且被有意无意地压抑。教育的目的不是使学生学会怎样认识和理解社会与人生，怎样更好地认识和把握自我，怎样成为一个自主的人，成为一个对自己的未来负责任的自立自强的人，而是要使学生能够顺利通过各种考试，在各类考试中取得好成绩，能够升入一所好大学。在他们身上，听从家长、老师的安排，按照家长、老师的设计被动地学习已经成为习惯。不管内心是否赞同，被动学习的心理与行为模式都已经形成。

（二）大学教育同样存在严重的偏差

哈尔滨工业大学校长王树国在第三届中外大学校长论坛上接受记者采访时说："我是研究机器人的，希望机器越来越像人。但作为校长，我担心把人培养得像机器。"他的担心是有道理的，因为尽管人们对大学前"应试教育"的弊端早有一致的认识，但在后续的大学教育阶段应如何克服由此带来的问题，弥补大学前"应试教育"在学生培养方面存在的不足，不仅很少有人认真思考，更没有在大学生培养实践中做出努力。事实上，高等学校的大学生培养实践，是建立在"进入大学的学生都是合格的"这一假定之上的，对大学前"应试教育"的负面影响视而不见。不仅如此，高等学校的大学生培养实践虽然不像大学前的"应试教育"那样纯粹为了考试，但也同样缺乏对学生自主性的培育。

一个不懂得管理与开发自己的人，又从哪里去获得杰出的管理才能？因此，管理教育根本上应当是自我开发教育，应当是如何有效开发学生自己管理才能的教育，而不应是如何运用管理理论与方法去管理与开发别人的教育。由此可见，我国高等学校管理大学生培养的改革，有教什么即教学内容、课程体系改革的问题，更主要的是怎样教即大学生培养模式改革的问题。而大学生培养模式改革的关键，或者说立足点与出发点，则是要改变对管理大学生培养的基本认识和实施大学生培养的基本思路，要从教学生管理与开发别人的理论与方法转变为教学生怎样开发自己的管理才能。要将眼睛由向外转变为向内，由如何施诸人转变为如何求诸己、有诸己。只有实现了这种转变，我们的管理教育才能说是开发培养学生管理才能的教育，也才能在开发培养学生管理才能方面取得令人满意的成效。

二、基本依据

（一）大学生可持续发展是教育的本质特征

管理教育本质上是如何有效开发学生管理才能的自我开发教育，数学教育本质上不也应是如何有效开发学生数学才能的自我开发教育吗？音乐教育不也应是如何有效开发学生音乐才能的自我开发教育吗？以此类推，大学教育——不管什么学科和专业——本质上不也就是学生才能的自我开发教育吗？而要能有效地开发学生自己的各种才能，必须先学会如何进行自我开发，或者说，学生在学习开发自己内在的各种才能的时候，在进行管理才能或者其他才能开发培养的过程中，必须逐步学会如何有效地进行自我开发。不管他是在名牌大学接受的教育，还是在一般院校接受的教育，他的潜能所受开发的程度都必定与他自我开发能力增长的程度成正比。所以，大学教育的水平也应当是与学生自我开发能力培养的程度成正比的。一所大学的教育是高水平还是低水平，是一流的教育还是二三流的教育，从根本上讲，取决于学生潜能被开发的程度，更取决于对学生自我开发能力培养的程度。

这就意味着，大学教育的目的不仅是要开发学生的各种潜能，使学生具备一定的能力，同时还必须使学生学会如何有效地进行自我开发。如果我们的教育没有能够让学生学会如何有效地进行自我开发，纵然经过四年努力使学生获得了一些技能，使学生的潜能得到了一定程度的开发，我们的教育依然不能算是取得了成功。因为在这种情况下，学生只是被动地接受开发，其潜能所受开发的程度必定是十分有限的，不可能达到理应达到的程度。更重要的是，这样的学生发展潜力十分有限，因为他不能有效地进行自我开发，只有在他人的帮助下才能有所进步、有所提高。当他走出校门所具备的能力不能满足工作与生活需要时，他除了重新回到学校接受教育以外，无路可走（当然，他不一定要重新接受普通高等教育，也可以通过某种职业培训满足需要）。由此可见，教育成功与否，不应看教会了学生什么，而应看在多大程度上使学生减少了对外部教育的依赖。

而仅仅懂得如何有效地进行自我开发，掌握一些进行自我开发的方法与技能，仍然是不够的。如果没有进行自我开发的意识，没有形成不断进行自我开发的习惯，这些方法与技能终将因不被想起和使用而逐渐遗忘。因此，大学教育，不仅要教会学生如何有效地进行自我开发，还必须努力培养学生进行自我开发的意识，并使之养成不断进行自我开发的习惯。这就意味着仅靠开设一两门类似于"如何开发你自己的管理才能"这样的课程，是远远不够的，仅仅在某些课程中或在各门课程之外开展一些自我开发实验或活动就更加不够。要培养学生进行自我开发的意识、能力与习惯，必须对学生进行长期的自我开发训练，最好是将专业教育体系、教学模式按照自我开发教育的要求进行重新设计，将自我开发教育贯穿到整个大学教育之中。

但是，自我开发教育如果不是建立在学生自我设计的基础上，即使能够在整个大学教育之中贯彻实施，也还不能说就是真正意义的自我开发教育。因为需要开发什么，如果不是出于学生自己的设计，而是由老师根据所谓的专业培养目标与规格设计的，学生只能按照老师的设计进行自我开发。这种自我开发就不是完全自觉的，就不是出于学生个人内在需要的自觉行为，与学生的个性特点、个人兴趣爱好、素质特长、人生理想与追求等缺乏紧密的联系。虽然老师的设计也是从学生未来职业发展乃至人生发展的需要出发的，但它毕竟是由老师代为设计的，只代表了学校/教师对学生未来需要的理解和把握，与学生个人发展的需要未必一致，与学生的人生理想与追求未必一致。学生虽然在具体的开发实施方面被赋予了主体地位，但学生的主体性是不充分的，在整体上依然是被动的。为什么进行自我开发，自我开发的意义何在，开发内容的必要性何在，对学生来说依然是没有得到圆满解决的问题。这样的自我开发，必定会缺乏内在的驱动力，很难成为学生自我实现的行为，因而是不可持续的。

要使学生真正成为自觉的自我开发者，除了必须培养学生进行自我开发的意识、能力与习惯之外，还必须培养学生进行自我设计的意识、能力与习惯，必须使学生自觉地将今天的学习与未来的需要紧密地联系起来，必须使学生将大学学习与整个人生联系起来，并从这种自觉的联系中找到进行自我开发的目标，赋予自我开发活动以意义，进而转化为进行自我开发的内在动力。由此可见，自我开发虽然可以在教师的要求、引导与帮助下进行，但真正的自我开发是以自我设计为基础的。培养学生进行自我设计的意识、能力与习惯，不仅是自我开发的应有之义，而且更加重要。从这一点来看，现行的大学教育，所缺乏的不仅是对学生自我开发的意识、能力与习惯的培养，更缺乏对学生自我设计的意识、能力与习惯的培养。学生不仅仅是被动地接受教育，对于应当接受什么样的教育，为什么要接受这样的教育，很少考虑。学生可以抱怨现行的教育模式，抱怨所有的老师，抱怨每一门课程，但真正认真思考自己需要学些什么的人却很少，真正从自己的人生目标出发对四年大学生活进行系统设计与规划的人却很少，真正基于这种设计与规划积极地进行自我开发的人就更少。大学本来是应当让每一位跨进大学之门的人都成为这样的自我设计者和开发者的，本来是应当使每一位跨进大学之门的人都成为积极的，通过不断的自我开发、自我完善促进整个社会不断进步与完善的自觉者。

（二）大学教育的自主性特征要求学生进行自我设计与开发

无论从大学教育的实际状况，还是从大学教育在大学生培养中独特的地位和社会的要求来看，大学教育都应当具有较强的自主性特征。一方面，大学教育模式要求学生具有一定的自主性，要求学生成为整个教育的积极参与者，在一定程度上对自己大学阶段的学习与生活进行自我设计，在一定程度上使大学成为自我教育、自我开发的过程；另一方面，应当把培养学生的自主性作为教育的主要内容，贯穿到教育的全过程，使学生通过大学的学习，不仅成为具有一定职业能力的专业大学生，更重要的是要最终成为一个完全自主的人，成为能够对自己的未来负责任的自立自强的人，能够独立自主地开拓自己的事业、创造幸福美满人生的人。

与中小学教育不同，大学教育具有教育内容广泛、教育形式多样、课程门类众多、每一门课程课时数相对较少等特点，从而对学生的自主性提出了较高的要求。这一特征至少表现在以下六方面：

（1）在课程的设置上，大学课程有必修与选修之分，选修课程要求学生根据自己未来发展的需要及个人兴趣爱好自主进行选择。

（2）在课程教学上，教师不再像中小学那样，对每一部分内容进行反复讲解、练习、测验，主要通过课堂一点一点地教会学生，而是以引导为主，需要学生课后通过大量阅读、思考自行去掌握学习内容。

（3）在学习时间的安排上，课堂教学时间大大缩短，为学生留下了大量的课外时间，尤其是在三四年级进入专业课学习以后，更是为学生预留了将近一半的时间用于课外学习，目的就是让学生能有更多的精力进行自主性的个性化学习，一方面消化课堂学习的内容；另一方面用以拓展知识面，培养多方面的兴趣。

（4）除课堂学习与课外阅读之外，大学教育还有一个非常重要的方面，那就是各种各样的学术讲座。这是学生开阔眼界、了解学术前沿、把握时代脉搏、培养思维能力和学术研究兴趣的有效途径，也为学生摆脱专业、教材等的局限提供了机会。这是比选修课更加自由的教育形式，完全由学生自由选择。

（5）大学还鼓励学生根据自己的兴趣爱好与发展需要参加各种各样的社会实践活

动,以培养和发展多种兴趣爱好,增强社会适应能力、人际交往能力、组织能力等。

(6)每一个大学生都必须为自己毕业以后究竟干什么做出选择,并以此对自己的大学学习与生活进行设计,做出合理的安排。例如,每一个大学生都必须在考研与直接就业之间做出选择。如果选择毕业后直接就业,还需要选择从事什么工作,是否需要读第二学位,是否需要考相应的资格证书等。

上述六方面既体现了大学教育对学生自主性的要求,同时也是大学教育培养学生自主性的基本方式和途径。不管学生是否自觉地意识到了这一点,也不管学校和教师在实施教育的过程中,是否是在自觉地实施自主性教育,这六方面都已成为大学教育的基本特征,普遍地存在于每一所大学的教育之中。这充分说明,自主性教育是大学教育的必然要求,反映了大学教育的客观规律,不以人的意志为转移。不管愿意不愿意、自觉不自觉,都必须实施某种程度的自主性教育。因为这既是由大学生培养的规律决定的,也是由大学在大学生培养中所处的独特地位决定的,是由社会对大学生的需要决定的。

(三)培养学生的自主性是大学教育的必然要求

大学教育在大学生培养中的独特性在于,大学在学生的人生道路上处于学校与社会之间,是学生走向社会的最后一个环节。经过大学培养的学生,必须成为一个独立自主的人,必须摆脱对家长、对老师的依赖而自立自强。这是学生、家长、社会对大学教育最起码的要求。因为不管在实际的教育实践中,学生自主性的培养在多大程度上得到了体现,当学生毕业走出校门以后,他/她必须独自面对社会,独自走上职业发展的道路,独自开创未来的事业与人生。可以说,走出校门就是走向独立自主。一个合格的大学毕业生,必定具备独立自主的能力,必定已经基本完成个人主体性的确立,已经具备一定的自主性,至少已经不再是一个完全的被设计、被开发者。因此,大学教育必须包含对学生自主性的培育,否则,就是不完全的,所培养的学生就容易不能完全符合社会对大学教育的要求,所培养出来的就不仅不是社会需要的大学生,而且很可能成为社会的负担。

从大学生培养的规律来看,成人是成才的前提。而成人就是成为他/她自己,就是成为一个能够自立于社会的独立自主的人,成为一个具有一定的社会责任意识、责任能力和行为能力的社会行为主体。这是教育的基本目的。大学生培养必须建立在这一基础之上,必须包含"成人"教育,必须把"成人"教育与"成才"教育有机结合起来。事实上,如果一个人不具有自主性,凡事依赖他人,又怎么能够成为有用的大学生?即使他/她具有一定的专业知识与技能,最多也只能按照他人的要求,完成一些执行性、事务性的工作,而不能从事创造性、开拓性的工作。这样的人,称为具有一定职业技能的劳动者是可以的,但不是真正的大学生,更不是创新型大学生。创新型大学生尤其是原创型大学生,必须具有高度的自主性,必须具有高度的自主探究意识、自主探究能力和自主探究习惯。这种自主探究的意识、能力与习惯,不是天生就有的,而是需要悉心培养,并经过长期的实践逐渐养成的。培养千千万万具有高度的自主探究意识、能力与习惯的创新型大学生,既是社会的需要,也是大学在建设创新型国家中肩负的历史使命。大学要能在建设创新型国家的伟大事业中发挥其应有的作用,培养大批具有创新意识、创新精神和创新能力的优秀大学生,就必须把培养学生的自主性放在十分重要的地位,必须自觉地实施积极的自主性教育。

(四)缺乏自我设计与开发教育的大学教育是不完整的

我们现行的大学教育——至少管理教育是如此,实际上仅仅是教给了学生一些外在的理论与方法,没有教会学生怎样有效地开发自己的潜能,没有培养学生进行自我开发的意识、能力与习惯,更没有培养学生进行自我设计的意识、能力与习惯。从教育培养全面发展的人这一点来看,现行的以专业知识、技能的培养为核心的大学教育等于是只进行了一小半,只着眼于学生未来职业发展的需要,甚至只着眼于学生毕业后就业的需要,而不是将学生作为完整的人,将工作与职业发展作为学生人生的一部分——虽然是极其重要的部分,但因是不完整的,只进行了一小部分,还有一大半的任务没有进行。我们所培养的仅仅是具备一定的专业知识与技能,能够适应某种社会职业需要的劳动者,是社会这架庞大机器上的一颗螺丝钉、一个小零件,而不是具有自我设计与开发的意识、能力与习惯的自我实现、自我完善的人。这种两眼向外的教育,虽然教给了学生一些外在的理论、知识与技能,但由于忽视了对学生内在潜能的开发,忽视了对学生自我设计与开发的意识、能力和习惯的培养,因而没有真正落到实处,没有最后完成。这样的教育不仅极大地限制了学生潜能的开发,限制了现行大学教育所追求的培养合格劳动者的目标的实现程度，而且严重背离了人的全面发展这一教育的根本目标，背离了君子不器、君子求诸己以及因材施教等教育基本原则。人在这里不再是目的，大学四年似乎也不是应当幸福而有意义地度过的人生的重要组成部分，大学生活似乎也不是应当愉快而充实地度过的生活。对大学生而言，生活似乎不在这里而在别处，人生似乎不在现在而在未来，幸福似乎也不在此刻而在某个未知的角落。一切都是在为未来做准备，在为满足社会的某种需要做准备。如果我们的大学教育仅仅停留在这样的水平上，不仅没有真正完成培养全面发展的人这一根本任务，而且在不知不觉间割裂了学生的生活与人生，破坏了学生生活与人生的完整性，将学生的现在与未来、生活与学习、工作与事业等割裂开来，将它们置于彼此冲突，为了一个必须牺牲另一个的境地。为了毕业以后能够找到好的工作，就必须牺牲大学期间的生活；为了毕业以后能够找到好的工作，就必须放弃个人的兴趣爱好与人生追求。这样培养出来的学生，又如何能够将工作、事业、生活有机地统一起来？又如何能够做到敬业乐群甚至安贫乐道？工作、事业、生活不能有机统一，不能安其居而乐其业，身就不能有所止，心就不能有所安，人生就将如一粒在巨大旋涡中飞速旋转的沙子，浑浑噩噩，不知所之，不知所止，不知所乐。

一个全面发展的、自我完善的人，必定是具有自我设计与开发的意识、能力与习惯的人，并且这种积极的自我设计与开发行为必定会贯穿他的全部人生，贯穿他人生的各方面，包括学习、工作、事业、生活、婚姻、家庭、朋友等。他人生的每一方面都将纳入他自我设计的范围，都会成为他进行自我开发的出发点，给予他进行自我开发的内在动力。培养这种具有自我设计与开发的意识、能力与习惯的，自我完善的人，理应成为大学教育的目标，也正是"自我设计与开发"课程所努力追求的目标。

三、改革创新大学生培养模式必须突出学生的自我设计与开发

大学教育的自主性特征要求进入大学的学生必须具备一定的自主性，具备一定的自我设计与开发意识与能力；必须能够将大学的学习、生活与自己未来的工作、事业、人生联系起来，能够基于自己未来的发展对大学的学习与生活进行一定的规划设计，对自己的大学学习与生活做出合理的安排。同时，也必须具备一定的自学能力，基本掌握进行自我学习的方法。否则，就不能适应大学教育模式，不仅对课堂教学不适应，对大量

的课外时间也会不适应,感到无所适从、不知所措。对大学教育的目的则会感到迷茫和困惑,不知道自己到底应该干什么,应该怎样安排自己的时间,不知道学的那些课程尤其是大量的基础性课程究竟有什么用,甚至不知道自己究竟学得怎么样,到大学毕业的时候,甚至不知道自己究竟学了些什么,到了用人单位究竟能干什么。但这恰恰是目前我国大学教育所面临的一个严重的普遍性问题。我国目前的基础教育,在培养学生的自主性方面远远不能满足大学教育的需要。

从现实情况来看,无论是在满足大学教育对学生自主性的要求方面,还是大学自身在培养学生的自主性方面,都存在严重的问题。并且由于第一方面的原因,也就是由于进入大学学习的学生不能满足大学教育对自主性的要求,大学教育缺乏自主性教育的问题就显得更为严重。因为如果仅仅是存在第二方面的问题,即大学教育缺乏积极自觉的自主性教育,虽然会对大学教育的水平和大学生培养的质量产生一定的影响,但由于大学教育固有的自主性教育特性,只要进入大学学习的学生能够满足大学教育对学生自主性的要求,在对学生自主性培育方面仍然可以满足社会的基本要求,将学生培养成为独立自主的人。但如果这两方面问题同时存在,那受影响的就不仅仅是大学生培养质量的问题了,而是关系到大学毕业生能否满足社会对其自主性、独立性的基本要求,是否已经"成人",已经能够作为一个具备必要的社会责任意识与责任能力行为主体走上社会,已经成为合格的社会劳动者的问题。

严格地讲,第一方面是基础教育的问题,第二方面才是大学教育的问题。但是,既然大学教育是中学教育的下一阶段,是以中学教育为基础的,因此就不能简单地将第一方面问题排除在大学教育所要考虑的问题之外,不能简单地将由此带来的问题说成是基础教育的问题,而是应当将其作为大学教育必须考虑的一个重要因素,作为制订培养计划和实施教育的出发点。这一点是不言而喻的。大学教育必须与中学教育相衔接,本来是谁都不能也不会否认的。但事实上,每一所大学在制订培养计划和实施教育的过程中,都假定大学教育对学生自主性的要求能够得到满足,都假定学生能够适应它所提供的教育,至少是在经过一个较短的适应期以后,能够自行完成大学教育所要求的转变,达到大学教育对学生自主性的要求,而不管事实是否如此,不管在基础教育阶段,学生是否受到了必要的自主性教育,自主性是否受到了必要的培育。

第二节 高校大学生可持续发展培养模式的内涵与特征

一、基本内涵

基于上述认识，我们提出创建基于自我设计与开发的高校大学生可持续发展培养模式的改革创新思路。它首先是以培养高校大学生可持续发展为目标，能够满足培养社会需要的高校大学生可持续发展的需要。在大学生培养过程中，它不仅强调学生自我设计与开发的意识、能力与习惯的培养，而且力图将整个大学生培养过程转变为学生可持续发展过程——无论是知识的获取、能力的开发，还是素质的培育与行为的养成，都建立在学生自我设计的基础之上，都主要是学生的自我开发活动，以尽可能地实现大学学习生活化，大学生活学习化，用对美好人生和社会的理想与信念、对知识的渴求和对创造的激情代替就业压力和患得患失。

概而言之，高校大学生可持续发展培养模式也就是以社会需求为导向，在专业大学生培养目标和方案指引下，将学生个性化的自我设计与专业大学生共性化素质的培养紧密结合，以学生为主体、教师为指导的自我开发模式。

在培养目标形成模式上，应当充分体现社会需求导向，必须由过去分析式的基于学科知识体系的专业大学生理想素质结构设计模式转变为归纳式的基于广泛调查的社会需求综合设计模式，从而实现大学生培养模式由学校培养推动向社会需求拉动的转变。

在培养过程组织模式上，必须将基于培养方案，以教师为主导的知识传授过程，与基于学生自我设计，以学生为主体的自我开发过程紧密结合起来，更加突出对培养过程的管理，为学生进行自我设计与开发提供必要的技术支持和指导，因而必须由过去单轨单向性的松散型组织模式转变为双轨多向性的精细化组织模式。

在教师教学模式上，必须将教师的角色由过去相对单一的课程教学任务承担者，拓展为课程教学任务承担者和学生自我设计与开发的指导者；将教师变成教练和导师，要由过去主要是传授知识，转变为主要是指导学生进行自我设计和自我开发。不仅在素质培育和行为养成上，而且在知识传授和能力开发上，都应当由过去的"教授"转变为"教学"。教学生进行自主探究性学习，也就是要将教师的教学活动变成对学生修身与求知活动的指导。

在学生学习模式上，要突出学生个人需求导向，体现学生的个性化特征，因而必须将学生由过去的被设计、被开发者，转变为可持续发展者，变被动接受知识为通过自主探究性学习获取知识，变被动接受潜能开发为有指导的自我开发，变素质的被动培育为有意识的自我培育，变行为习惯的自然形成为积极的自我养成，也就是要将学生的学习由接受教育变成对人格的自我完善和对知识的自主探索，变"外求"为"内求"，变"接受"为"自得"。

二、主要特征

高校大学生可持续发展培养模式与现行大学生培养模式的本质区别在于，这种模式不仅注重培养学生一般意义上的素质与能力，将学生培养成具有较高的身体素质、心理素质、专业素质和道德、人文、科学与信息素质以及社会素质，特别是具有从事实际工作的专业素质，能够胜任企事业单位、政府部门管理与技术岗位工作的专业大学生。而且自始至终都注重培养学生自我设计与自我开发的意识、能力和习惯，以将学生培养成为具有自我设计、自我开发和自我完善的意识、能力和习惯的人为出发点和归宿点。具体有以下几个显著特征。

（一）外在的社会需求与学生内在的个性化发展需求紧密结合

通过以社会需求为导向，基于专业培养目标与方案的共性培养，使学生能够适应社会需要，成为具有竞争力的高素质专业大学生；通过以学生个性化需求为导向，可持续发展使学生能够根据兴趣爱好充分发展个人优势潜能，有效弥补自身不足，真正做到"长善救失"，更好地满足个人事业与人生发展的需要。

（二）"成才"与"成人"有机结合

这种模式不同于传统的以专业教学计划为主体的大学生培养模式之处就在于，把学生的自我发展与完善作为大学生培养的根本目的，将素质培育模式和行为养成模式与知识传授/获取模式和能力开发模式并列。这不仅在教学内容与课程体系中，大大拓展了素质教育的内容，而且将学生素质的培育和行为的养成提升到了前所未有的高度，作为教师教学和学生学习的重要内容，从而实现了"成才"与"成人"的有机结合。

（三）学生主体性与学校/教师主导作用有机结合

传统大学生培养模式主要是一种教学模式，虽然也讲以学生为主体、以教师为主导，但主要局限于课程教学环节，局限于整个大学生培养体系的末梢，因而是非常有限的，基本上是方法上的或者说是技术性的。从整体上看，学生依然是被设计者和被开发者，并且由于学生缺乏自我设计，更缺乏对学生自我设计与开发意识、能力和习惯的培养，这极其有限的主体性也难以发挥出来，与此有关的教学改革并不怎么成功。可持续发展的大学生培养模式通过建立以培养方案实施机制和学生自我设计与开发机制并行的双轨制过程组织模式，将学生四年大学生活的所有方面（包括以基于培养方案的课程学习）都纳入自我设计与开发的范畴，将整个大学生培养过程建立在学生的自我设计之上，将整个大学生培养过程变成了在培养方案指引下和教师指导下学生可持续发展的过程，既突出了学生的主体地位，又充分发挥了学校/教师的主导作用。

（四）具有需求拉动性

培养目标形成模式的转变和培养过程组织中自我设计与开发机制的建立，将大学生培养不仅建立在对社会需求的认识和把握之上，而且建立在学生个性化发展需求之上，真正做到了以社会需求和学生个人发展需求为导向，从而实现了大学生培养从学校培养推动向社会需求与学生个人发展需求拉动的转变，大学生培养的应用性特征也就更加明显。如果说传统大学生培养模式是培养推动式的，那高校大学生可持续发展培养模式则是需求拉动式的。

（五）具有开放性

一方面，通过培养目标形成模式的转变将大学生培养与社会需求紧密联系起来，打破了传统培养模式的半封闭格局，不仅使大学生培养真正做到了以社会需求为导向，而且在一定程度上实现了向社会的开放。另一方面，在传统的专业教学计划为主体的大学生培养模式下，知识传授/获取和能力开发与学生素质培育和行为养成也是分离的，前者属于所谓的"第一课堂"，后者则属于"第二课堂"。高校大学生可持续发展培养模式则通过建立自我设计与开发机制，打破了这种相对封闭的格局，使两者相互渗透，实现了两个课堂的相互开放。

（六）具有教育生态适应性

我国高等学校大学生培养的基本生态从宏观层面来看，具有以下三个特征：一是我国高等教育管理体制正处于转型之中，高校办学自主权虽然还远没有落实，但面向市场的格局正在形成；二是我国高等教育分层发展的格局基本形成，从而决定了各高校的大学生培养定位；三是各高校之间大学生培养的竞争机制虽然尚未形成，但随着高中毕业生的逐年减少，高校之间的竞争将逐渐加剧。这决定了高校大学生培养模式必须从传统的学校培养推动型向社会需求拉动型转变，所培养的大学生必须更加富有特色，在大学生市场上更加具有竞争力。从微观层面来看，具有三个显著特征：一是培养对象带着大学前"应试教育"的负面影响，缺乏自我设计与开发的意识和能力，更没有养成进行自我设计与开发的良好习惯，不仅与创新性大学生的要求相距甚远，更是实施自主探究式学习，培养创新性大学生的巨大障碍。二是在大学生培养中至关重要的教师基本上是传统模式培养出来的，并且同样带有大学前"应试教育"的负面影响，对如何培养应用型大学生，如何将共性化的专业大学生培养与学生个性化发展结合起来，如何进行与学生自主探究性学习相适应的教学，培养具有创新意识和能力的创新型大学生，都缺乏相应的知识、能力和经验。三是高校现行的大学生培养模式都是以知识传授为主的，在能力开发、素质培育和行为养成方面都较为薄弱，也缺乏必要的组织运行机制。这就要求大学生培养模式不仅要能缓解大学前"应试教育"的负面影响，而且要能为教师转变教学模式和学生转变学习模式提供帮助，还要能有效强化学生的能力开发、素质培育和行为养成。我们所设计的这种大学生培养模式，正是为了在这样的大学生培养生态下，培养适应社会需求且具有较强的自我发展能力的高素质应用型大学生。从前面的分析中不难看出，它不仅与大学生培养的宏观生态相适应，而且在微观层面更具有很强的针对性，能够很好地满足现有微观生态条件下高校大学生可持续发展培养的需要。

第三节 大学生培养模式创建思路

创建高校大学生可持续发展培养模式需要从创新大学生培养理念、创建大学生培养机制、创造大学生培养模式实施条件、创新教学内容与课程体系、创新教学模式与学习模式五方面展开。

一、创新大学生培养理念

理念创新是一切创新的起点。创新大学生培养模式首先必须创新大学生培养理念。高校大学生可持续发展培养模式是一种全新的模式，正如我们在前几章的分析中所看到的，它是基于全新的大学生培养理念，在对现行大学生培养模式进行改革，经过多年实践探索的基础上提出来的。要创建这一全新的大学生培养模式，必须树立全新的大学生培养理念，具体包括四方面：一是要创新高等教育理念，对高等教育的性质、目的，特别是新形势下改革目标与任务要有新的认识；二是要创新大学生理念，对大学生的内涵及其素质构成要有新的认识；三是要创新大学生培养理念，对大学生培养的内涵与外延要有新的认识；四是要创新教师教育教学理念，对教师在大学生培养中的地位与作用、教师的角色等都要有新的认识；五是要创新学生的学习理念，对学生在大学生培养中的地位与作用、学生的角色等都要有新的认识。

二、创建大学生培养机制

大学生培养机制是培养模式的重要组成部分。任何一种培养模式，都需要通过一系列运行机制才能够有效实施。创建可持续发展大学生培养模式所要求的实施机制应包括六方面：一是大学生培养目标形成机制，以确保培养方案的制定能够将社会需要和个人发展需要紧密结合起来；二是大学生培养方案实施机制，以确保培养方案实施过程能够严格按照设计目标进行；三是素质培育机制，以确保素质培育能够有效实施；四是应用能力开发机制，以确保学生各项应用能力的开发能够有效实施；五是辅导员参与教学工作机制，以实现第一课堂与第二课堂的有机结合；六是学生参与教学工作机制，以充分发挥学生在大学生培养中的主体作用。

三、创造大学生培养模式实施条件

任何一种大学生培养模式都需要一定的实施条件。大学生可持续发展培养模式对实施条件的要求则更高，除了必须具备现行人才培养模式所要求的各种条件之外，还需要一系列对学生进行自我设计与开发提供支持和指导的软硬件条件，需要有能够为学生进行自我设计与开发提供指导的师资队伍。概括起来，所需条件包括硬件和软件两方面：硬件方面主要是实验与实习条件和学生进行自我设计与开发提供支持的技术条件，包括素质测评系统、跟踪评价系统、自我开发的文献支持系统、网络测试系统、课程自主学习的自我测验系统等；软件方面包括师资队伍、有关的组织管理制度，特别是考核评价制度等。这些条件大多数都需要在创新的基础上进行开发建设，特别是围绕学生进行自我设计与开发所需要的支持性条件，是现行大学生培养模式所不需要的，没有现成的样品可供引用，必须进行自主开发。

四、创新教学内容与课程体系

高校大学生可持续发展培养模式要强调对学生职业发展、人生幸福和适应社会发展需要的可持续发展能力的培养，特别是学生进行自我设计与开发的意识、能力与习惯的培养。教学内容与课程体系的改革设计，重点要解决高等教育中普遍存在的学生忽视自主学习意识、综合创新能力不足等问题。教学内容与课程体系具体改革设计如下：

（1）进一步完善和调整综合素质、自我设计与开发、专业三大课程模块。

（2）在中外文化经典导修中增加经典课程内容，尤其是学生自修的经典课程，实现以"导"为主向以"修"为主的转变。

（3）在自我开发与设计中增设创业教育、创新教育方面的课程内容，实现强调开发与设计内容向突出方法与内容并重的转变。

（4）专业课程中增开设与学生能力培养紧密相连的课程，尤其是调整与完善双语教学课程。

（5）完善自主探究性学习能力的课程，进一步深化"认识体验实习＋专业实习＋毕业实习"模式改革，继续强化实验室，以各种社团活动、论坛等为载体的课外实践训练体系的建设和以实习基地为主的校外实践性教学体系建设。

五、创新教学模式与学习模式

笔者认为，高等学校的大学生培养模式包括教师教学模式和学生学习模式两个相辅相成的方面，各自都包括知识传授/获取、能力开发、素质培育和行为养成四个既紧密联系又各有其特殊性的方面。可持续发展的大学生培养模式不仅要求教师改革创新教学模式，也要求学生创新学习模式。在教师教学模式上，必须将教师的角色由过去相对单一的课程教学任务承担者，拓展为课程教学任务承担者和学生自我设计与开发的指导者，将教师变成教练和导师，要由过去主要是传授知识，转变为主要是指导学生进行自我设计和自我开发，不仅在素质培育和行为养成上，而且在知识传授和能力开发上，都应当由过去的"教授"转变为"教学"——教学生进行自主探究性学习，也就是将教师的教学活动变成对学生修身与求知活动的指导。在学生学习模式上，要突出学生个人需求导向，体现学生的个性化特征，因而必须将学生由过去的被设计、被开发者，转变为可持续发展者，变被动接受知识为通过自主探究性学习获取知识，变被动接受潜能开发为有指导的自我开发，变素质的被动培育为有意识的自我培育，变行为习惯的自然形成为积极的自我养成，也就是要将学生的学习由接受教育变成对人格的自我完善和对知识的自主探索，变"外求"为"内求"，变"接受"为"自得"。

第六章 培养方案形成模式改革与创新

大学生培养目标是教育实践活动过程中具有先决性质的核心概念，是整个学校教育教学活动的出发点和依据，也是学校教育教学活动的最终归宿；同时，培养目标是大学生培养的标准，是大学生观在高校的集中反映，培养人的价值主张及具体要求，也是大学生培养活动得以发生的基本依据和大学生培养制度安排的基本原则。换言之，培养目标解决的是培养什么样的人的问题，明确人才培养目标是确保大学生培养应有质量的基本前提。

第一节 大学生培养目标的确立

一、大学生培养目标的地位

（一）大学生培养目标的地位

学校教育是社会通过学校对受教育者的身心施加的一种有目的、有计划、有组织的影响，以使受教育者发生预期变化的活动。教育的目的性，从宏观的角度看，其集中体现就是反映着一定社会教育价值取向主流并得到社会普遍认可的教育目的；从具体的不同层次、类型教育机构的角度看，其集中体现反映了教育目的要求和特定社会需求的各种具体的培养目标。培养目标不同，教育形式、教育内容、教育方法和教育评价也不同。

培养目标是在一定的教育思想影响下形成的，反映了一定的教育思想和教育要求，是教育思想的结晶。培养目标在其形成和诉诸实践的过程中，不仅仅体现为一种具体的教育预期和标准，而且逐渐演变为一种教育思想或教育理念，成为整个教育实践活动的理论指南，决定着教育实践活动的性质、形式、内容和方向。因此，有学者说，我们不能简单地视教育目标为教育行为预期的标志，而应当把它看成是教育思想的体现，并将它置于教育思想的重要地位。这是因为，教育目标本身蕴含着极其丰富的教育思想，这种思想是在教育目标的形成过程中被赋予的，又在其实现的过程中得以显现、活化与充实。

在诸多教育概念中，培养目标是教育中最基本和核心的概念。没有明确的培养目标，教育的实践活动就可能迷失方向，更难谈得上规范、质量和评价。正是在此意义上，人们普遍认同这样一个观点：培养目标是一切教育活动的出发点和归宿。

（二）大学生培养目标的形成误区

从逻辑的角度看，培养目标是教育实践活动过程中具有先决性质的核心概念。培养目标要解决的问题是培养什么样的人，它涉及基本规格和质量标准。这个问题解决之后，才是怎样培养这些人的问题，它涉及方式、方法、具体措施和内容等问题。在本科教育中，首先要解决的是培养目标问题，即培养什么样的人的问题，是通才、专才、复合大学生，还是其他类型大学生，这些大学生应该具有什么样的规格要求和质量标准。其次才是怎样培养这些人的问题，即通过什么样的方式、方法来培养这些人的问题。

在认识和实践的过程中，由于种种原因，本科教育培养目标存在着一种逻辑错位现象。这种逻辑错位具体表现为：在考虑本科教育大学生培养问题时，往往不是首先考虑如何确定培养目标，而是首先考虑开设什么样的专业，在专业设定后才考虑培养目标的问题，把培养目标作为专业的要素或下位概念来对待。这种逻辑错位起自20世纪50年代初。当时为了培养专门大学生，向苏联学习，以系为基础设专业，有的系还细分为若干专业，口径越来越细。由于过分重视专业问题，以至于把培养目标也作为专业的一部分，或视为同一概念。

理论上，专业培养计划、教学计划都是为了实现培养目标而采取的具体方式或措施，有其自身的内在规定性。大学生培养措施可以描述目标但不能包括目标。即便是为了说明关系或相关问题，也不应该将培养目标列为所属。将培养目标湮没在实现培养目标的方式、方法和具体措施中，必然导致理论上的混乱和实践中的迷惘。

二、大学生培养目标确立的依据

（一）高等教育分类法是培养目标定位的前提依据

目前，我国高等教育包括两大系列、三个层次和四种类型，即全日制教育、继续教育两大系列，研究生教育、本科生教育和高等职业教育三个层次，研究型大学、教学研究型大学、教学型大学和高等职业学院四种类型。不同类型高校有不同的培养目标，不同类型的大学职能决定了其培养目标会有所区别。研究型大学以理论创新、科技创新为主，以为社会培养大量高层次拔尖创新的理论大学生、学术型大学生和原创性、基础性科学研究为主要职责；教学研究型大学在大量培养专门应用大学生的基础上，重视高层次拔尖创新大学生的培养；教学型高校则着重承担面向生产、管理、服务一线的应用型专门大学生的培养，致力于社会现实问题和生产实践问题的研究与探索；高职高专院校则主要承担职业技能型大学生的培养。培养应用型大学生，这是教学型高校的目标与使命。结合本校的办学定位，培养应用型大学生是本校大学生培养目标确定的理性选择。

（二）市场需求是培养目标定位的客观依据

教育最基本的规律就是它的外部规律，即教育要满足社会的需求，与社会发展相适应，为社会经济发展提供自己的合格"产品"，即大学生。在市场经济背景中，大学生这种"产品"被赋予了商品的属性，对大学生"产品"存在客观需求的主体有三个，即国家主体、社会性组织主体和个体主体。这三个主体的客观需求及其变化构成了培养目标的客观依据。因此，培养目标必须依据市场三个主体的实际需求科学、准确定位，并有针对性地不断修正调整。现代社会发展的一个重要趋势就是把高等教育纳入职业化的轨道，可以说是高等教育在大众化时代最深刻的变化，大学生结构的变化也是其中的主要内容。市场的需求已经表明，高层次精英大学生和从事尖端研究的学术型大学生总是少数，各行各业的实际工作者则是多数。社会发展期待高等教育培养更多的适用型大学生，社会所关注的焦点是毕业生具备可聘用的素质与能力。

经济社会发展对大学生的需求是高校大学生培养目标确立的第一根据。高校的生存和发展取决于能否培养适应经济社会发展的大学生。高校要培养适销对路的大学生，必须增强专业教育的适应性，对经济社会发展的大学生需求情况进行调研与预测，并按经济社会发展的行业或职业群的要求设置专业、修订课程和培养目标。本校在大学生培养目标定位、大学生培养方案设计和大学生培养模式构建方面，必须看准以下四方面的新变化。

1. 大学生需求的多样化

随着科学技术的蓬勃发展，产业结构的调整加速，社会对大学生的需求日益多样化。社会经济发展不仅需要一定数量的学术型、理论型大学生，更需要大量从事实际工作的应用型大学生；不仅需要大量的技术、技能型大学生，更需要一大批具有创造性的高层次应用型大学生。

2. 生产方式的变革

随着科学技术更新周期的大大缩短，生产技术由单一的经验技术向综合的理论技术转变，由过去在生产现场和生产过程中就能学习掌握的技术向现在必须拥有一定的专业理论基础才能进一步学习掌握的生产技能和生产要求转变，对劳动者素质的要求逐步提高。科学技术和生产技术的新变化要求我们在培养大量的技术型、技能型大学生的同时，继续培养大量的有理论、有技术、有能力的高校大学生可持续发展。

3. 区域经济发展的不平衡性

国家为了解决区域经济发展的不协调问题，加大了经济结构的调整力度，产业结构不断优化升级，区域间的竞争日趋激烈，地方经济发展对应用型大学生的需求不断增长。由于高素质应用型人才缺乏，大量的科学研究成果处于理论层面，难以转化为现实生产力，从而制约着经济发展方式的转型和产业结构的调整。

4. 大学生培养结构的失衡

从当前毕业生的就业现状来看，目前国家对工程型、技术型、技能型、管理型、服务型等应用型大学生的需求明显大于对学术型、理论型大学生的需求。大学生需求的结构性失衡要求高校必须改变大学生培养类型，加大对应用型大学生的培养力度。唯有认清了这些新变化，才能合理确定大学生培养的目标与规格，科学设计出知识、能力和素质相统一的大学生培养体系。

（三）学校的现实条件是培养目标定位的基础

教学型高校选择的定位目标应该是积极的，能确保为区域经济发展提供足够的大学生支持与知识储备。同时，要考虑实现定位目标所必备的社会物质条件、高校现有的发展基础及可能的发展环境及保障。学校现实条件是定位的基础，不同类型高校办学实力有着很大差别，即使是同一类型的高校，在学科专业、师资力量、设施条件、管理水平诸多方面也各不相同。高校在定位自身大学生培养目标时，要充分考虑校情，突出学科专业优势，发挥特色，切忌好高骛远。就目标个性而言，则必须体现学校自身的历史、传统、定位和条件，以及本专业大学生的知识能力要求。

在经济社会发展对大学生的需求出现新变化的情况下，山东工商学院选取什么样、哪个层次的大学生作为自己的培养目标还要着眼于学校大学生培养的实际能力。山东工商学院由于开办本科教育的历史相对较短，与名牌、老牌高校相比，在学科建设、师资力量、生源层次、管理模式、教学能力等方面存在一定差距，难以按学科教学的模式培养出高层次、高水平的学术型和理论型大学生。相反，山东工商学院在培养面向行业，面向地方的管理、服务第一线的应用型大学生方面则积累了相当丰富的经验，从而形成了特色。因而，培养应用型大学生不仅能适应我国社会经济发展的内在要求，而且是学校尊重客观实际的明智选择，更是学校发挥自身办学传统和优势的必由之路。特别在时下，一些大学纷纷向研究型、综合型大学靠拢，不愿培养应用型大学生之际，山东工商学院若能独树一帜，大力发展应用型教育，将大有用武之地。此外，从近几年来一些研究型大学为解决高层次应用型大学生的缺口问题发展了专业硕士教育的现实来看，山东工商学院发展应用型教育，培养应用型大学生，既是时代赋予的责任，也是规避因自身条件和实力不足而盲目走精英教育老路所面临的诸多风险的需要。

（四）学生的发展潜质是培养目标定位的价值指向

培养目标的合理定位，还要充分考虑教育对象的知识储备、能力基础和个性特征，以此增强大学生培养的针对性。现代多元智力理论认为，人的智力是多元的，个体的差别并不在于有没有某种智力，而在于不同智力因素在不同个体中组合的方式与比例，不存在谁更聪明，只存在谁在哪方面聪明、怎样聪明的问题。每个学生都是独特的并且可以是出色的。随着大众化高等教育阶段的到来，招生规模的扩大，一些文化基础知识不够扎实的学生也能进入大学学习。如果严格按照传统划一的学科教学模式和学术标准要求他们，企图把他们培养成学术型和理论型大学生，这只能是好高骛远，既不适应经济社会发展对大学生多样化的需要，也不符合学生成长和发展的实际。一般而言，山东工商学院的学生虽然对理论学习不太感兴趣，在学术研究方面有所欠缺，但他们也是兴趣广泛、思维活跃、善于动手和充满着个性化、多元化特点的青年群体，在解决实际问题能力、社会交往能力、艺术想象力等方面则存在着一定的优势。因此，山东工商学院只有因材施教，扬长避短，因势利导，对他们实施有针对性的个性化教育，才能把他们培养成为适合从事各类职业的应用型大学生，让他们在自己喜欢的职业中干出成效。这既是人力资源开发中以人为本的体现，也是高等教育大众化的内在意蕴。

三、大学生培养目标的确立及其实现模式

按照以上要求，笔者总结出山东工商学院公共管理学院的大学生培养目标：以培养既能适应用人单位当前需要，具有较强的可就业能力和职业竞争力，又能适应未来职业发展、人生幸福和社会经济发展需要的具有可持续发展能力的高校大学生可持续发展为目标，在对学生的身体素质、心理素质、专业素质和道德、人文、科学与信息素质以及社会素质进行全面培养的基础上，着重培养学生的道德人文素质、科学素质、社会素质和自我设计与开发能力、专业工作能力和适应国际化需要的能力，将学生培养成具有自我设计与开发的意识、能力与习惯，一定的中外文化素养和对不同文明的理解与包容能力，进行探究性思维和探究性学习的能力和较强的语言表达、人际沟通、合作共处、组织协调能力，能够通过不断地进行自我设计与开发，迅速有效地适应不确定性环境并不断发展的高校大学生。

第二节 大学生培养方案的构建模式

一、大学生培养方案的构建原则

应用型教育是以面向服务与经济社会发展的高校大学生可持续发展为目标定位的一种新的高等教育类型。山东工商学院应用型大学生培养模式构建应遵循以下五个原则。

(一)培养目标应体现区域性和行业性

山东工商学院是为了满足人们对高等教育的需求和地方经济社会发展的需要而建立的。山东工商学院的最大特点就是建于地方、服务于地方，地方特色鲜明，服务角色清晰，地方产业发展导向明确，其生存与发展离不开地方政府的支持。它不仅与地方经济文化发展联系紧密，而且与区域内的行业发展联系紧密。因而，山东工商学院必须以培养区域和行业所需的一线应用型大学生作为自身发展的目标定位和价值取向。在大学生培养上既要准确把握地方经济发展现状和发展趋势，了解行业中的职业岗位及其就业前景，又要主动、灵活地适应行业和企业的用人需求，充分考虑毕业生的社会适应性。

(二)专业设置应体现应用性

应用型大学生培养是以开设应用型专业为载体的。本校要培养应用型大学生必须加强应用型专业建设。在专业建设上既要根据地方的产业结构、经济发展趋势和当地市场的用人需求，又要根据学校的教学科研和学科建设的实际，有针对性地设置应用型专业，建设应用型学科，开展应用型研究，为地方的行业发展培养大批急需的应用型大学生。在融入地方化发展战略中彰显自己的特色，从而实现高等教育与区域经济发展的良性互动和双赢共生。

(三)课程设计应体现复合性

应用型大学生需要具有以通识为基础的深厚专业理论和可供广泛迁移的知识平台，具有较强的终身学习能力和职业转换能力，具有用知识和技术解决管理、服务一线问题的实际应用能力和创新能力，具有必要的人文素养、科学精神和心理素质。本校应按照"厚基础、宽专业、强能力、高素质"的培养要求，设计应用型大学生培养方案，构建包括基础课程（公共基础理论课、专业基础理论课）＋专业课程（专业主干课、专业方向选修课）＋实践课程（校内实践课、校外实践课）和素质课程（文化素质课＋素质拓展课）在内的课程体系，按照"学位（学科）课程＋技能课程＋职业课程"三位一体的模式进行设计，充分体现课程设计的复合性，不断提高学生的职业能力和社会适应能力。

（四）教学过程应体现实践性

实践在培养应用型大学生的过程中起着重要的作用。应用型教育的教学过程不完全是理论性的，还是实践性的。本校培养应用型大学生的实践教学环节有课内外结合、校内外结合和实验、实训、实习相结合几种形式。学校在进行理论教学的同时必须突出实践教学，注重理论联系实际，以巩固和检验课堂所学的理论知识，注重实际技能的培养，以提高学生的实践应用能力。实践教学必须走产学研合作之路，加强校企合作，实现学校大学生培养方案与企业用人机制的对接，共同培养行业需要的应用型大学生。

（五）大学生评价应实现多元化

对应用型大学生的培养应采用多元化评价方式，以推动本校大学生培养方式的转变和应用型教育的发展，包括实现评价主体的多元化——应用型人才评价应引入社会评价机制，建立由学校、实习单位、用人单位、行业团体、技能鉴定机构共同参与的大学生质量社会监控体系，形成一种全方位的质量考核与评价方式；实现评价内容的多样化——彻底改变传统的过于注重通过知识评价学生质量的做法，实行知识、能力、技能的综合考核，建立以应用能力为主的质量评价体系，不仅重视培养与学习的结果，而且重视思维与进步的过程。

二、大学生培养方案的构建途径

构建合理的课程体系是保障大学生培养目标实现的有效途径。本校培养应用型大学生，必须根据行业和职业群的发展要求，按照以促进知识、能力、素质和谐发展为目标和以能力培养为重心的教育理念，设计大学生培养方案，构建大学生培养模式。

（一）构建理论课程体系，夯实学生职业能力形成的基础

构建可持续发展大学生培养的理论课程体系，需要对可持续发展大学生培养目标和要求进行整体研究，并根据行业和用人单位的职业要求广泛采集大学生需要掌握的知识点和能力点，然后学校根据所采集的知识点和能力点来组织、设计大学生培养方案。本校在围绕职业能力的培养来设计理论课程体系架构时，必须分析、把握应用型大学生职业能力的构成要求及形成机制。

职业能力是指个体从事一门或若干相近职业所必备的本领，是个体在职业工作、社会交往、私人生活中的思维方式方法及做人态度、做事能力的反映，包括从事职业应具备的有关知识、技能、行为态度、职业经验等内容。职业能力的形成涵盖了对专业能力、方法能力和社会能力的培养。其中，第一，专业能力是个体合理地利用专业知识和技能独立解决问题的一种能力，是劳动者胜任工作、赖以生存的核心本领。专业能力的形成主要是通过学习某个职业群（或行业）的专门知识、技能、行动方式和态度而获得的。第二，社会能力是个体建立社会关系、感受和理解社会责任、有效处理矛盾冲突，与他人交流、合作、共处的一种能力。社会能力的形成特别强调对劳动者的人生态度、社会适应性和行为规范性的培养。第三，方法能力是指个体在家庭、职业和公共生活中，对发展机遇、要求和限制做出解释、思考和评判，并能有效开发自己的智力，设计发展道路的一种能力。方法能力的形成特别强调对劳动者思维的合理性、方法的逻辑性、学习的独立性，获取新知识新技能、独立寻找解决问题的途径，以及制订工作计划、把握工作流程、实现自我控制等方面的培养。社会能力、方法能力虽然与专业能力无直接联系，但这种能力非常重要，是劳动者适应职业变更、劳动组织变化的一种转岗能力，被看作是一种跨职业能力。因而，学校在应用型大学生培养的理论课程体系设计中，必须综合考虑这些职业能力的培养。

知识是能力形成的基础，学生职业能力的形成离不开对理论性知识、工作过程知识和实践性知识的学习。因此，本校培养应用型本科大学生，需要突破传统按学科范式设计的课程构架，对理论课程体系进行大胆的整合、取舍与创新，不断夯实学生职业能力形成的知识基础，不断增强学生的发展后劲。在理论课程体系构建上：一要通过构建"公共基础＋专业基础＋素质基础"的平台化理论课程体系，不断扩充学生的知识面，巩固专业基础，提高综合素养；二要通过构建"专业主干＋专业方向选修＋职业拓展选修"的模块化理论课程体系，不断提高学生的职业能力、技术应用及研发能力，拓展学生的个性化发展空间；三要以地方社会经济发展的大学生需求为导向，按行业发展的要求把"学位（学科）课程＋技能课程＋职业课程"有机结合起来，促进各类知识的融会贯通，为学生职业能力的构建提供相对系统的理论知识和技术原理，不断增强学生把基本理论、基本技能应用在行业中的能力，促使学生向建设者转变。

（二）构建实践课程体系，增强学生的实践、创新、创业能力

构建应用型大学生培养的实践课程体系是培养学生实践、创新、创业能力的重要途径。构建多路径的实践课程体系，对学生进行实践技能训练和专业素质拓展训练，增强学生的实践、创新、创业能力有着极大的促进作用。在实践教学中，指导教师应重点讲授研究和解决问题的思路和方法，鼓励学生积极提出问题，参与讨论，并通过各种渠道为学生实践提供相关资料，促使学生努力探求知识，始终保持对研究、分析和解决问题的兴趣和好奇心，让实践教学成为学生走上工作岗位前的演练，让学生在实践中不断深化对所学理论知识和技术原理的认识，不断增加其对未来职业的理解与感悟。构建实践课程体系的关键在于有效开发与职业能力相关的一系列的实践教学内容。实践课程体系可按照基本技能、初步综合技能、高级综合技能、创新技能的梯度模式进行设计，采取课内实训、实验设计、毕业设计和课外专业实习、开放实践等多种教学方式，对学生需要掌握的技能进行训练。属于核心或主流技术领域的实践教学内容宜开设为必修课，属于新兴技术领域的实践教学内容宜开设为选修课，属于能力外延扩展或深度提高的实践教学内容宜开设为课外的开放实践，涉及基本技能和初步综合技能的教学内容，可采用与理论教学相捆绑的课内实训或实验的形式，涉及高级综合技能和创新技能的教学内容，可依托实验设计、专业实习、毕业设计和开放实践等形式，独立设置实践教学环节。其中，开放实践是一类不占计划学时的课外教学活动，除了不受课内计划学时总数的限制外，还可采用开放实验、项目开发、学科竞赛、职业认证等多种形式组织开展，在内容上可根据技术的最新变化进行灵活调整与扩充，学生也可根据自己的兴趣、特长及未来职业导向自主选择不同的实践主题，甚至学校可以创造条件，鼓励学生在开放实践中利用所学的技术实施创业项目。实践教学是将学生所学的知识应用于实践并转化为综合能力的关键性教学环节，是培养学生理论联系实际的必要手段，是理论知识得以实现的根本途径，是检验和巩固学生所学知识及理论教学质量的有力保证。因此，必须加强实践教学工作管理，以确保实践教学环节不流于形式。

（三）构建素质课程体系，提升学生的人文素养，促进学生全面发展

构建应用型大学生培养的素质课程体系，对学生进行素质拓展训练，是提升学生人文素养、促进学生全面发展的重要手段。素质拓展不仅包括专业素养的拓展，还包括社

会综合能力的扩充、精神气质的陶冶和身心品质的提升。素质拓展既重视人文教育对学生健全人格的塑造，也重视科技文化知识对学生成才、成功的启蒙，更重视科学精神对学生创业、创新意识的涵养。构建素质拓展课程体系，是对学生进行职业能力和专业外延训练、促进第一课堂和第二课堂有机融合、推动学生课外学术科技活动与课内教学紧密结合的有效途径。本校对学生进行素质拓展训练，可通过形式多样的方式灵活开展；可以与科研工作相结合，结合专业特点，推进大学生科研训练计划，鼓励学生较早参加科研和创新活动，以培养学生的科学素养，提高学生学习与研究的积极性；可以让学生参与教师的科研项目构思、设计与实施，提高学生的知识运用能力和科研能力；可以让学生参与数学建模竞赛、电子设计竞赛、多媒体制作竞赛、英语竞赛等活动，通过各类专业证书教育、各类专项培训，提高学生的专业应用能力和技术开发能力；可以与学生社团工作相结合，通过组织学生参加各类科技、文化活动，提高学生的社会交往能力、团结协作精神等。本校必须将素质课程体系全面纳入应用型大学生培养的方案之中，通过完善项目化管理、学分制认证、规范化运作的素质教育体系，力求素质教育取得实效，不断提高学生的人文素养和综合素质，促进学生全面和谐发展。

第三节　大学生培养方案的形成机制

一、全面调研是大学生培养方案形成与调整机制的基本前提

没有调查就没有发言权。调研工作包括学科与专业发展状况调查、大学生培养社会需求调查、学生就业与大学生培养效果调查等方面，本次制定的大学生培养方案全面、客观、真实地反映了这些内容。具体包括：第一，国内高校调研。我们走访、调研了三十所高校（包括研究型高校、教学研究型高校、教学型高校），分别就培养目标、专业定位、专业特色、培养途径、课程安排、学时分配、实验课程等与本校相关专业一一进行比较分析，厘清了本院三个专业的培养方案的优缺点，其目的是找准本院专业办学的比较优势与大学生培养定位的细分市场。第二，社会单位调研。我们邀请烟台市总工会等部门以及不同类型企业的负责人参加专业建设座谈会，同时走访烟台养护管理处、

社会保险事业处等十多个单位就本院劳动与社会保障、行政管理、劳动关系专业大学生培养进行调研和论证，其目的是全面掌握所培养的大学生的就业市场与大学生培养规格的现实需求。第三，毕业生跟踪调研。调查内容涵盖个人现状、初次就业情况、对学校大学生培养方案的评价等，通过调研，以便比较全面地了解毕业生情况，及时做好信息反馈，其目的是找出本院在人才培养过程中存在的问题和偏差，为探索本院培养方案如何更好地适应社会需要提供参考和依据。第四，在校生调研。我们对劳动与社会保障专业、行政管理专业的在校学生进行问卷调查。调查主要侧重于本专业学生对所学课程的学时、课程设计及培养方案执行情况的调查，目的是了解我院大学生培养方案的执行与运行状况。

以上调研工作扎实具体，在全面调研的基础上，我们进一步明确了本院本科专业的办学定位和办学特色，成为制订科学合理的大学生培养方案的坚实基础。

二、明确办学定位与突出办学特色是形成大学生培养方案的落脚点

（一）定位决定地位

山东工商学院公共管理类专业定位的逻辑起点在于，首先，从高等教育的性质来看，山东工商学院公共管理类专业根据各自所面向的领域，理应定位于应用型；其次，从高等教育的价值取向来看，应用型专业性教育强调专门性、针对性、实践性和行业性，在这方面我校公共管理类专业比较具有优势。专业办学定位不准，势必影响大学生培养目标的确立、影响大学生培养规格的实现，进而影响到大学生培养的市场适应性。经过探索和总结，我们提出：山东工商学院公共管理类专业应以"区域或行业"为主导，以"专业"为主线，以"应用"为主体，以"教学"为中心，以"实践"为载体。最终确立各专业"定位于培养具有国际化视野，服务于地方经济社会发展，面向企事业单位、政府机关人力资源管理部门及各行业组织就业，从事各专业及人力资源管理工作的'宽口径、厚基础、善创新、强能力'的高素质专门大学生"。具体而言，劳动与社会保障专业定位于培养具有国际化视野，服务于地方经济社会发展，面向企事业单位、政府机关人力资源管理部门及各级社会保障业务部门就业，从事社会保障及人力资源管理工作的"宽口径、厚基础、善创新、强能力"的高素质专门大学生。劳动关系专业定位于培养具有国际化视野，

服务于地方经济社会发展，面向企事业单位、政府机关人力资源管理部门及各级工会组织就业，从事劳动关系及人力资源管理工作的"宽口径、厚基础、善创新、强能力"的高素质专门大学生。行政管理专业定位于培养具有国际化视野，服务于地方经济社会发展，面向企事业单位、政府机关的行政管理部门，从事行政助理、办公室事务等工作的"宽口径、厚基础、善创新、强能力"的高素质专门大学生。

（二）特色决定出路

专业办学定位一方面要紧紧围绕应用型大学生的培养进行；另一方面要大力培育自身的特色，提升整体办学实力和核心竞争力。特色专业是指高等学校在教学改革和专业建设过程中，在办学理念、大学生培养目标、培养模式、培养质量等方面具有显著特色，培养的学生在某些方面的素质和能力优于其他院校的该专业学生，并得到社会的广泛认可、有较高声誉的专业。每所高校肩负的大学生培养任务、定位与思路都会根据自身所处的地域、层次和社会发展对大学生的需求来确定。不同类型的高校，它的学术贡献、大学生培养层次、为社会服务的方式以及在高等教育中发挥的功能和作用也有所不同。因此，高等学校的办学特色是形成办学多样化的有效途径，是高校在教育市场中具有竞争力的表现，也是学校吸引生源、提高社会地位和培养创新型大学生的表现。我们总结出：大学生培养规格的特色，即通过同类院校培养目标的比较，找准大学生培养规格的比较优势；大学生培养机制的特色，即把教育教学各环节、各部分的设计意图与要求揭露出来，把大学生培养方案遵循的内在逻辑也即是目标大学生产生的逻辑揭露出来；大学生培养内容与体系的特色，即以素质、能力结构为核心，构建适合大学生培养的课程教学体系、实践教学体系，并完善相应的培养方式与实施途径保障。

三、科学严谨论证、落实培养目标是构建大学生培养方案的内在要求

方案论证要遵循科学理性。大学生培养方案既要反映现实的客观需要，又要反映大学生发展的未来需要，这就需要理性辨析两者的关系，科学论证方案的合理性。需要理性地分析论证拟培养的大学生应当具有的知识、能力与素质的关系，特别是应具有的核心素质与能力；需要厘清培养方案包含的功能模块及其教育教学内容；需要匹配各门课程与学生素质能力培养的对应关系；需要调整和革新对教学内容与教学方式的要求等。

在以上方面，我们做了深入细致的论证，并力求充分反映到本轮次的大学生培养方案的制订当中。

科学的大学生培养目标需要科学的大学生培养机制来落实。大学生培养的目标定位，包括主要就业岗位以及未来职业发展的基本路径等，那么，专业办学特色就要充分体现并落实这一要求。通过对传统的以专业知识与技能培养为核心的教学内容与课程体系进行全面改革，强化教学组织与实施体系建设，特别是通过课程建设体系、学习指导体系、经典导修体系、自我设计与开发体系、实践性教学体系、网络教学体系等的建设，构建有利于学生进行自我设计与开发的教学体系，推动教师教学模式和学生学习模式的全面改革，建立开放性的大学生培养模式，培养具有新儒商精神、具备新儒商素质和国际化视野，服务于地方经济社会发展，面向企事业单位、政府机关等工作的"宽口径、厚基础、善创新、强能力"的复合式高校大学生可持续发展。我们提出：本校公共管理类专业按照"宽口径，复合式"的要求采用"本专业＋人力资源管理辅专业"的复合式专业大学生培养模式；按照"凝内含，高素质"的要求着重培养"政策法规执行能力、业务操作能力、人际沟通与协调能力"体系；按照"成才与成人、人文素质与职业素质、初次就业能力与职业发展能力三结合"的要求拓展培养"基本素质与发展潜能、主体性与创新创业能力、适应国际化需要的素质与能力"的素质与能力体系。

四、全面制度约束是构建大学生培养方案的重要保障

制度约束可以避免主观随意。在大学生培养方案形成与调整过程中，既存在许多导致偏离设计目标的主观因素，也存在许多阻碍设计目标实现的客观障碍，这就需要通过制度设计以及严格执行制度来有效消除这些因素的影响，克服可能遇到的障碍。培养方案所要求的改革越多、越彻底，这类因素和障碍也就越多。改革主要包括四方面：一是在设计者与实施者分离的情况下，如何保证将培养方案的设计意图贯彻到底；二是在教学任务承担者分散的情况下，如何保证教师课程教学目标与培养方案设计目标一致；三是如何有效避免不同课程之间教学内容的交叉重叠；四是在实践教学条件不完备的情况下，如何变"供给推动"为"目标拉动"、如何保证实践教学课程能够如期开出、如何保证教师能有足够的胜任力进行合格的实践教学，等等。鉴于此，我们制定了公共管理

学院本科大学生培养方案管理办法，要求所涉及的各个模块必须严格、充分地论证，论证成熟，方能实施。同时，我们也创造性地要求和强化大学生培养方案实施大纲、课程大纲、实践教学大纲等成体系的专业与教学基本文件的编制。

第四节　大学生培养方案的基本设计

一、基本思路

劳动与社会保障专业大学生培养采用"社会保障＋人力资源管理"的大学生培养模式、行政管理专业大学生培养采用"行政管理＋人力资源管理"的大学生培养模式、劳动关系专业大学生培养采用"劳动关系＋人力资源管理"的大学生培养模式，充分考虑用人单位需求的多样性和学生职业发展的差异性，将人文/生活素质与职业素质、初次就业能力与职业发展能力培养相结合，强化基本素质和学科基本素质与能力培养，以人文素质和自我设计与开发能力培养为重点培养基本素质，以数学、西方经济学、英语素质与能力培养为重点培养学科基本素质与能力，突出专业核心能力培养，加大实践性教学比重，注重学生就业的地域分布特征，提高学生就业适应能力。同时，采用"成才＋成人"模式，注重课程教学之外对学生的心理、情感、观念、行为、习惯等的引导、规范、培育以及对学生各种社会素质与生活能力的培养，将以课程体系为载体的系统性知识、能力培养和以课外活动为主体的多样化、个性化综合素质培养有机结合起来。

二、基本理念

（一）主体性

通过整合利用课内外、校内外教育教学资源，将自我设计与开发意识、能力与习惯的培养与人生与职业规划、创新创业能力培养、专业及学习指导、就业与职业发展指导、社会实践等有机结合起来，以引导学生进行自我设计与开发实践为主体，按照理念引导—实践指导—行为养成的模式，对学生进行全方位、多层次的教育引导与实践训练，培育学生的主体性和创新、创业能力。

（二）持续性

公共管理类专业大学生所需要的能力的形成并非在短期内通过单一课程就能完成，从对相关知识的了解到熟练掌握，从潜能的发现到能力的形成，都是一个长期的过程，需要在大学四年中持续不断地进行学习与训练。因此，坚持能力培养的持续性，在课程设计及实践环节设计上需要保证不同层次与维度的能力的一贯性、不间断。

三、高校大学生可持续发展核心能力与素质要求

不同类型就业及需要履行职能的差异性，使公共管理类专业大学生的能力要求差异化明显。

从本校服务地方经济社会发展的定位以及社会发展的实际需求来看，公共管理类专业大学生就业可能性较大仍然是在数量众多的中小型非国有企业。根据能力发展的阶段性及层次性，公共管理类专业大学生初次就业要求具备"宽口径、厚基础"的基本素质、人力资源综合能力和劳动法律法规及政策应用能力。而未来职业生涯发展将呈现多元化特征，需要有国际化视野，具备较强的沟通协调及危机处理能力，成为真正不可或缺的核心大学生。这三方面的要求均需要在大学生培养的课程体系、教学内容体系及实践教学体系中完全渗透，这就意味着教学设计将围绕能力的培养展开。

四、素质能力培养承载的课程体系

（一）课程体系设计的基本思路

根据用人单位对公共管理类大学生的核心能力的需求，凸显我校公共管理类大学生培养的特色。在课程设计上，依据知识、技能、能力需求合理安排公共基础课、学科基础课、专业课以及专业限制性选修课，遵循知识学习的基本原理，保证知识内容体系的承接起合逻辑严谨。基础课做到"全、深、透、足"，即知识领域覆盖面要"全"，课程内容要"深"，讲解要"透"，课时量要"足"；专业课要"精"，即专业课程及其内容选择要精，注重专业知识与能力的可扩展性，突出核心能力培养；实践性课程要"全、够"，不仅要确保学生掌握专业核心能力特别是初次就业所需的各项技能，而且要掌握进行自

我设计与开发的基本能力；课程内容要注重应用性，突出方法与技能，不仅注重基础理论知识的传授，还要关注知识的应用与方法技能的培养。

（二）体现能力培养的课程体系

课程体系的设计充分体现能力培养的基本要求，建立能力层次递进模型，根据不同层次能力形成的客观规律合理设计课程体系。

（1）基本素质与能力要求是大学教育与职业教育之间非常重要的差异，大学教育培育的大学生不仅要具有专业素质，而且要拥有较强的基本素质，能够不断适应社会发展的需要。

（2）学科通用知识与能力充分体现"宽口径与厚基础"，是专业能力与技能形成与提升的重要基础，同时也会在学生未来的职业生涯发展中从事相关工作并发挥基础性的作用。

（3）人力资源综合能力作为专业序列通用能力，在初次就业中扮演着非常重要的角色，通过人力资源综合能力的培养，大学生能够进一步理解和掌握劳动关系专业能力的核心与精髓。

（4）公共管理类专业能力是体现专业大学生的特殊性及特色，也是本专业区别于其他专业的核心能力，在大学生培养体系中居于核心地位，在学生初次就业和职业生涯发展中将发挥极其重要的作用。

第七章 新时代"一德四能"国际化创新型人才培养的理论探索

第一节 强化自主学习，提升学习能力

传统的教育侧重于教学而忽视受教育者。然而，随着社会发展的要求不断提高，受教育者成为关注的热点，帮助学生在未来高速变化的世界中跟上时代步伐，就成为大学教育不可或缺的内容。必须把提高本科生自主学习能力作为当下中国教育改革，尤其是高校教育改革的重点。早在2000年，《中国教育白皮书》中便指出，"高等教育要为学习者提供可以终身接受高等培训和学习的空间"，而实现这一目的的重要举措就是培养学生自主学习能力；2012年发布的《国家教育事业发展"十二五"规划中》明确指出，要"加强各级各类学校信息技术教学，使学生学会运用信息技术自主学习"；《国家中长期教育改革和发展规划纲要（2010—2020）》中也对培养学生自主学习能力有着明确的要求。自主学习的内涵是什么？通过什么样的教育手段、运用什么样的教学方法才能有效促进学生自主学习能力的提升？本节立足于中国教育实际，明确自主学习的内涵，分析当下高校在培养自主学习能力方面存在的问题，试图提出一些可能的对策和建议。

一、自主学习思想的演变

"自主学习"并不是一个新生的词汇，自古便有朴素的自主学习思想。早在春秋时代的孔子（公元前551—公元前479）便提出"知之者不如好之者，好之者不如乐知者"（《论语·雍也》），强调兴趣对于学习的重要性；"不愤不启，不悱不发。举一隅不以三隅反，则不复也"（《论语·述而》），强调要启发学生自主思考的能力；"博学而笃志，切问而近思"（《论语·子张》），"博学之，审问之，慎思之，明辨之，笃

行之"（《中庸》），同样强调思考对于学习的重要性。到了战国时期的孟子（公元前372—公元前289），则将孔子较为原始的自主学习思想做了更具体的表述，认为读书治学仅依靠老师是不够的，学生自己的自主学习很重要。"君子深造之以道，欲其自得之也。自得之，则安之……"（《孟子·离娄上》），"求则得之，舍则失之，是求有益于得也，求在我者也"（《孟子·尽心章句上》），明确提出学习要"自得""自求"的主张。《礼记·学记》也指出"君子之教，喻也。道而弗牵，强而弗抑，开而弗达"，认为君子的教化是善于晓喻，而不是搞满堂灌式的教学；对待学生要严格，但不能抑制其个性的发展；教学在于启发学生，而不是告诉学生结论。可以说，中国古代典籍中自主学习的思想是非常丰富的，相关的论述已经涉及到自主学习的主动性、教学原则与要求等内容。

到了近代，蔡元培（1868—1940）、陶行知（1891—1946）、叶圣陶（1894—1988）等著名教育家都阐述了自主学习的思想，并积极做出了实践。例如：蔡元培先生主张"展个性、尚自然"的教育观，提倡"自动""自觉""自学"的教育方法。他于1901年就任南洋公学校长时便提倡"学生自己读书"，1920年在湖南省教育会讲演时明确希望学生"自动地求学"。陶行知先生则认为："好的先生不是教书，不是教学生，乃是教学生学。"20世纪60年代，叶圣陶先生明确指出："凡为教，目的在达到不需要教。"几位先辈的不懈努力，给我们留下了宝贵的思想结晶，有力地推动了我国的教育改革。

在国外，自主学习思想最先见于古希腊学者苏格拉底（Socrates），人们称之为"苏格拉底方法"。他说："我不产生知识，而是使知识自己产生的产婆。"他认为老师的任务就在于引导学生自主学习、自主思考，从而习得针对某一问题的知识。他在教学过程中倡导问答法，要让学生习得某个概念时，不把这个概念直接告诉学生，而先向学生提出问题，让学生回答，如果学生回答错了，也不直接纠正，而是提出另外的问题引导学生思考，从而一步一步得出正确结论。直到今天，问答法仍是一种重要的教学方法。哈佛大学教授桑德尔（Sandel）开设的政治哲学通选课"公正（Justice）"以"哈佛历史上累计听课学生人数最多的课程"而闻名，便全程通过问答法进行。问答法中虽有老师的参与，但同样是自主学习的一种形式。

捷克教育家夸美纽斯（Comenius）认为，在教学中应采取一切可能的方法去激发学生求知的愿望,培养他们的自主学习能力。法国自然主义教育家卢梭(Rousseau)认为,教育应该用自然的、自由的方法培养自由的人,主张让儿童从生活中、从各种活动中进行学习,通过观察获得直接经验,自主地学习。瑞士教育家裴斯塔洛齐(Pestalozzi)认为,儿童都有自主学习的能力。德国民主教育家第斯多惠(Diesterweg)认为,教育的目的就是培养具有真、善、美的"全人",想达到这个目标,首先要培养人的主动追求愿望的能力。英国教育家斯宾塞(Spencer)认为,教学过程应该是尽量鼓励儿童个人发展的过程,要引导学生自己进行探讨,鼓励学生自主学习(吴俊明,2014)。

二、自主学习的概念与内涵

要想搞清楚自主学习的内涵,就必须追根溯源。根据李颖(2013)研究,中国学者在国内外发表的有关自主学习的概念多围绕 Learner Autonomy(学习者自主)或 Autonomous Learning(自主学习)进行,然而国内所指的自主学习却更接近于西方的 Self — instructed Learning(自我指导式学习)。

西方自主学习的概念主要有 Autonomous Learning(自主学习)、Learner Autonomy(学习者自主)、Self — instructed Learning(自我指导式学习)、Self — directed Learning(自我导向式学习)、Self — access Systems(自获资源系统)。以上术语所代表的理念并不相同,但都强调学习者在学习过程中有不同程度的自主选择。Learner Autonomy/Autonomous Learning 强调"能力",意为学习者主观上愿意学习并具有独立自主进行学习的能力;Self — instructed Learning 侧重于学习过程,可以理解为学习者在没有教师控制下通过自我指导进行的学习;Self — directed Learning 关注"态度",强调个体具有自主性,但是在学习时却不一定具有独立自主学习的能力;而 Self — access systems 仅强调学习内容和途径,讲的是学习者对学习资料或设备进行有效利用的能力。

显然,我们日常所说的自主学习是一个含混的概念,涵盖了上述所有的类型却没有一个很好的本土化的概念,未能明确自主学习是目的、过程还是手段,导致不同的人对自主学习概念的理解存在很大的差异。在高校中,绝大多数学生与老师也不一定清楚什么是自主学习,以及如何进行自主学习。

在哲学上，柏拉图（Plato）将自主归结为人的善性，亚里士多德（Aristotle）则在善的基础上提出"自制"这一概念，认为自我管理的自主才能是人的德性。到了近代，康德（Ikant）认为自主性包括"理性、自由意志和自律性道德"三个方面，马克思则指出人在本质上是自由、自主的，人的生命在于具有以自我为主体的意识（刘畅，2014）。

在心理学上，以维果斯基（Lev Uygotsky）为代表的维列鲁学派认为自主学习的实质是言语的自我指导过程，自主学习过程是个体利用内部语言主动调节自己学习的过程。以斯金纳（Skinner）为代表的操作主义学派认为，自主学习本质上是一种操作性行为，是基于外部奖赏或惩罚而做出的应答性反应，包含自我监控、自我指导、自我强化三个子过程。而以班杜拉（Bandura）为代表的社会学习理论则认为自主学习本质上是学生基于学习行为的预期、计划与行为现实之间的对比、评价，从而对学习进行调节和控制的过程，包括自我观察、自我判断、自我反应三个过程。而以弗拉维尔（Flarell）为代表的认知建构主义学派认为，自主学习实际上是元认知监控的学习，是学生根据自己的学习能力、学习任务的要求，积极主动地调节学习策略和努力程度的过程（庞维国，2001）。

20世纪90年代后，齐泽莫（Zimmerman）在综合以上几派观点后，根据班杜拉的个人、行为、环境交互决定论以及弗拉维尔的自我调节思想基础对自主学习做出了界定。齐泽莫认为，当学生在元认知、动机和行为三个方面都是一个积极的参与者时，其学习就是自主的。他认为，自主学习的动机应该是内在的或是自我激发的，学习的方法应该是有计划的，自主学习者对学习时间的安排是定时而且有效的，能够意识到学习的结果并对学习的物质和社会环境保持高度的敏感与随机应变能力（Zimmerman & Risemberg，1997）。

笔者认为，基于齐泽莫对自主学习的界定，只要学习者的学习动机是自我驱动的，学习内容是自我选择的，学习过程（学习策略与学习时间）是自我控制的，学习后的评价与归因是自我进行的，那么他的学习就属于自主学习。

显然，在此定义下的自主学习更接近但不等同于 Self — instructed Learning，是

Autonomous Learning 与 Self—instructed Learning 概念的混合体，更强调过程。而自主学习能力，则更接近于 Autonomous Learning，不等同于自主学习，是能力。能够进行自主学习则意味着拥有自主学习能力，而拥有自主学习能力只是进行自主学习的必要条件之一。

简言之，界定属于自主学习，要从动机、内容、过程、结果四个维度进行评价。界定是否拥有自主学习能力，则要看是否能够进行自主学习。高校应该允许并鼓励学生进行自主学习，同时培养学生自主学习能力。

三、新时代提高自主学习能力的重要性

美国教育心理学家巴斯（Barth，1997）指出："在半个世纪前，人们从大学毕业后，大约有70%的所学知识可一直运用至退休前。而在当今时代，这个数字缩减为2%。"这就意味着有98%的技能知识需要进入社会后在工作中不断学习、获取。英国技术预测专家詹姆斯·马丁（Martin）的研究发现，人类社会获得的知识，19世纪是每50年增加一倍，20世纪中叶每10年增加一倍，20世纪70年代则每5年增加一倍。而当今，知识的增长更是以"裂变式"的方式呈现。世界每天出版的书籍至少3 000册，全球每天产生的数据信息高达2.5EB，新的科学知识大约每两年翻一番（唐晓勇，2015）。最近这几年，互联网+、大数据、人工智能、物联网、AR、3D打印、区块链等新概念层出不穷，应接不暇。

早在20世纪80年代，联合国教科文组织就提出："今后的文盲，不再是不识字的人，而是不会自学和学了知识不会应用的人。"自主学习能力在众多能力中属于基础能力。自学能力强的人，学习可以不受环境左右，即使离开了学校和老师，也能不断获取新知识，增长新才干，开发个人潜力，有所作为。2008年9月9日，温家宝同志在中南海与教师座谈时指出："我们现在的教育大多注重认知，而认知只是教育的一部分。要教育学生学会学习，学会动手，学会动脑，学会生存，学会和别人共同生活，这是整个教育改革的内容。"

四、自主学习在中国的现状

曾东霞（2011）基于"惯习与场域"理论在中南大学进行了有关大学生自主学习能力影响因素的实证研究。她将自主学习能力分为自我导向、学习设置、学习方法、自我监督和自我调节五个维度，较符合上文对自主学习的界定。

调查中的影响因素分为个人因素、惯习（个人习惯）、场域（社会环境）。除个人因素外，其余因素对自主学习能力没有显著影响。具体结论包括以下几点：

（1）大学生自主学习能力有待提升。自主学习能力总分为71分（满分100），大部分学生的自主学习能力处于中等水平。数据分析表明（各项的满分为20分），自我导向和自我调节方面较好，均超过15分；学习方法和学习设置其次，为14分；而自我监督最差，只有11.3分。

（2）个人基本情况对大学生自主学习能力影响较少。除担任学生干部对大学生自主学习能力存在显著影响外，其余因素对自主学习能力没有显著影响，或只在某一维度上存在影响。

（3）学习场所与学习外部环境对大学生自主学习能力有一定程度影响。良好的学习环境和丰富的辅助资源是自主学习获得成功的重要条件。现在大学生容易受到外部环境的影响，导致自我监控、自主调节的能力弱，学习的自主程度就受到削弱。

（4）个人习惯对于大学生自主学习能力有比较大的影响。研究发现，对自身素质评价较好的大学生，其自主学习能力也比较强。大学生的学习习惯是在长期的学习过程中形成的，同时它又会反过来对大学生的学习活动有较大影响。此外，研究发现，喜欢闭卷考试的大学生，自主学习能力平均得分最高，而喜欢开卷考试的大学生自主学习平均得分最低，说明自主学习能力强的大学生更喜欢闭卷考试和平时表现，可能原因在于闭卷考试和平时表现更能让自主学习能力强的大学生体现个人绩效和水平。

五、应试教育对自主学习能力的影响

前文通过五个维度分析学生的自主学习能力，但没有涉及到应试教育对学生自主学习能力的影响。由于以高考为指挥棒的初、高中阶段应试教育在短时间内不会消失，因而有必要讨论应试教育对大学生自主学习能力的影响。牛新春（2017）通过对X大学2014级专业大一、大二学生的跟踪调研，发现学生在学习技能方面非常欠缺。大一、大二时都有超过60%的学生认为自己在学习技能上需要帮助。对专业课程具体认知策略的分析则进一步表明，在学习过程中，最重要的是"复习时重复记忆重点"以及"复习时课堂内容与课本相结合"，而其余8项与平时学习及作业有关的具体认知策略使用频率相比之下显著降低，使用频率最低的则是两项用来整理消化的学习策略。元认知学习策略与具体认知策略相比，使用频率更低。也就是说，即使是X大学这样一所部属高校，其学生都是考生中的佼佼者，仍然以初、高中阶段备考，重复记忆的应试技巧为主要学习方式，凸显了初、高中阶段应试教育对于学生自主学习能力的影响。

排名优秀的头30%同学在元认知策略的使用频率上均高于排名中间与排名最末的学生，排名落后的同学在元认知策略的使用频率上明显落后。这里的元认知策略，包括监视、调节、努力等，符合前文界定的自主学习特征，说明自主学习对于提高学生学习成绩是有效的。不过，即使是排名优秀的头30%学生，最为倚重的还是两项复习备考策略，一方面是多年应试教育带来的影响，另一方面是因为大学课程考核方式很大一部分局限于考试上，而且考试的内容多为记忆性内容。

六、提高自主学习能力的对策建议

大学之道，在于树人。大学的职能是人才培养、科学研究、社会服务、文化传承创新以及国际交流合作，核心是培养人才，关键是培养能够面向世界、面向未来的创新型人才。因此，大学的使命是"育人为本，质量第一，面向未来"。在这个意义上，"学生就是大学"，办学的出发点必须要以学生为中心（陈骏，2015）。针对目前高校在培养学生自主学习能力中存在的问题，下面笔者从不同的层面讨论提高学生自主学习能力的措施，提出相应的对策和建议。

（一）政府：强调教学地位，改革评价体系

制度、政策具有导向功能，十分重要。近几年来，国家与学校为了改变以科研能力

高低论英雄的评价现状，采取了很多措施，如设立教学成果奖、国家精品课程、评选教学名师等。学校也通过一系列的措施，比如让学生给老师打分、评选最受学生喜爱的老师等，促使评价体系多元化。应该说，这些举措在提高教学质量、激励教师上发挥了一定作用，但是，这还远远不够并需要不断完善。比如，在学生给教师打分过程中，有的教师教学严格，给学生的分数普遍不高，就招来学生给老师打分时的低分报复；而评选最受学生喜爱的老师时，存在拉票情况，导致结果有失公允。

接下来，我们仍然要探索有没有可能将教学能力、教学效果进行量化，纳入到评价体系当中去的方法。要优化资源配置，配置专项资金，从软硬件资源上对那些探索新型教学模式的教师进行扶持，赋予学校和教师更大的教学自主权，鼓励教师带领学生走出校门，接触自然和社会。

（二）学校：优化资源配置，合理利用网络，调整课程设置

既然学习场所与学习外部环境对大学生自主学习能力有一定的影响，那么，学校应该创设更多的自主学习中心。欧洲在这方面起步较早，大多数院校都建立了不同形式的自主学习中心（Self－Access Centers，简称"SACs"）（李颖，2011），目的是为学习者提供一种环境，满足学习者个性化的需求，使他们能够根据自身的特点，选择自己喜欢的方式及合适的时间，按自己的节奏进行学习（郭丽，2000）。同时，学习者不仅可以获得自己需要的各种资源，还可以与其他学习者建立良好的互动与交流，深入合作，互相学习。

建立自主学习中心是实现Self－access system的重要方式。中心必须满足下列3个条件：具备拥有合适资料与资源的基本设施；具有受到良好培训的教师；为学习者提供有关该系统信息的有效渠道（徐锦芬等，2007）。

中国地质大学（武汉）已经建立大学生学习支持中心。今后应在此基础上向自主学习中心转变。现在的大学生学习支持中心，平日只开放第一、第二两个自习室，其余自习室需要预约，这就给同学们进入学习支持中心增加了难度。此外，学习支持中心只提供了基本的场所，而没有相应的资料和资源，影响了学习支持的效果。中国地质大学（武汉）的图书馆内建有多个研修间，需要进一步面向学生开放。

互联网带来了前所未有的海量数据，也推动了我国以互联网技术为主体的教育变革，各高校都基于开放与共享的学习资源，着力打造数字化校园、智慧校园，利用网络汇集知识。高校中大型开放式网络课程（Massive Open Online Courses，MOOC）的使用量也越来越高，网课中的学分可进行认定，这极大地促进了优质教学资源的分配，为学生的学习提供了便利。但如果只是单纯的网课，那么和传统课堂别无二致，在这一点上，网课无助于提高学生的自主学习能力。

在课程设置方面，要更加重视科学方法的培养。联合国教科文组织的一位官员讲过："对毕业生最重要的要求是善于应付变化，应该认识到变化将成为生活的规律。今日所教的内容80%~90%都应放在科学方法论、推理方法、收集材料的方法、从事实中归纳总结的方法，以及分析事实和综合事实的能力上，方法比知识更重要。"

对比国外一流大学的课程设置发现，国外优秀高校在课程设置上尤其重视知识的广度，重视学生自主学习能力和创新思维能力的培养（马昌前，2017）。这些名校，普遍重视通识教育，要求学生成为专才之前，先成为通才（王烁，2018），而不局限于学生所选择的某个专业的课程教学，具有培养目标定位高、课程设置范围广两个特点。所谓通识教育，旨在为学生带来完整的知识结构，养成触类旁通的通用智慧（张国伟等，2011）。

下面以世界一流大学地质学专业为例加以说明。在培养目标上，强调自主思维与多学科交叉，以培养面向未来的人才为目标。而在课程设置上，则以打牢地学和数理化基础，大幅度拓展人文社会科学知识为特征。拓展人文社会科学知识的目的，在于通过对人文社会科学知识的学习，拓展知识的广度，学习人文社会科学知识背后的质疑精神，认识事物背后的发展规律，从而通过学习迁移策略，达到"见一叶落，而知岁之将暮；睹瓶中之冰，而知天下之寒；以近论远"（刘安《淮南子·说山训》）的效果。同样地，耶鲁大学也是以最重视本科教育著称，而本科教育的风格是通识教育（王烁，2018）。

互联网带来了海量的知识，也对传统教学方式带来了巨大的冲击，尤其是智能手机的出现。中国互联网络信息中心（CNNIC）公布的《第41次中国互联网络发展状况统计报告》显示，手机网民占比达到97.5%，网民中学生规模最大，占比25.4%。

戴建波（2016）调查显示，大学生每天使用 2 个小时以上手机的人数占到了总人数的 95%，他认为教室、自习室和图书馆是使用手机最多的场合，占到了 62.6%，而使用手机学习或查资料的只有 54.56%。也就是说，有半数学生在本该学习的地方玩手机，又有半数同学在用手机做与学习无关的事情。调查还发现，手机媒体对大学生自主学习几乎没有积极影响，而对课堂学习的消极影响很大。学生在课堂上使用手机的原因主要是授课内容缺乏吸引力、授课方式过于古板、课堂气氛不够活跃等外部因素。同时，在课堂上存在主动使用手机的情况，主要是搜索授课教师所提问题的答案或者利用手机媒体拍照，但是过于依赖手机搜索的答案会导致学生放弃对问题的自主思考，课后也并没有对所记录的学习信息进行整理复习等。

如何看待互联网时代手机对于传统学习的影响是一个新的命题。措施不外有二，一是禁止，二是疏导。我们可以通过有效利用现代信息媒体，改进授课方式，让课堂成为万物互联的一部分，让双向的互联网课堂取代传统的单向填鸭式课堂，这是教学改革的发展方向。比如，利用手机 GPS 定位进行课堂签到，可以有效提高签到效率，节省课堂时间；课上利用手机发布课堂问题，既可以提高学生课堂参与度，同时在后台进行的数据分析也可以帮助老师快速直观地了解学生的学习情况；在课后，老师还可以通过手机社交媒体与学生互动，拉近与学生之间的距离等。

（三）教师：改变教育理念，创新授课方式

在培养学生自主学习能力的过程中，教师是最为重要的一环。一是要教师自身具有很强的自主学习能力。如果一位教师只能照本宣科，囿于课本上的死知识，最多只能让学生掌握这些知识而不具备与时俱进的能力。二是要教师引进新的教学内容，采用新的教学形式和教学方法。例如，利用翻转课堂、讨论课的设置、探究式教学、科研与教学的融合等，提高教学效果。换言之，一门课，枯燥还是有趣，是否对培养自主学习能力有利，是否能调动学生积极参与，很大程度上取决于教师的教育理念、授课方式以及评价与考核体系。

通过改变授课方式与考核方式可以达到培养学生自主学习能力的目的。教师要确立以学生为中心的教育理念。教学的目的，不在于"教"，而在于"学"。以学生为中心，

最根本的就是要实现从"教师将知识传授给学生"向"让学生自己去发现和创造知识"的转变，实现"以完成教学任务为教学目的"向"着力于学生的发展、学习、学习效果"的转变，实现从"课堂、教师、教材"三个老中心向"学生、学习、学习过程"三个新中心的转变（刘献君，2012）。只有构建以学生为中心的教育理念，才能让学生自由生长，发现自己的兴趣点与动机，自主发现与构建知识结构，提高自主学习能力。

目的决定方法，要想以学生为教学的中心，就必须创新授课方式。现有的授课方式把教师放在中心位置，仅仅是为了让学生掌握教授的知识，显然是无法满足培养面向未来的自主创新人才的需求。创新授课方式主要有问答法、翻转课堂、基于问题学习（Problem Based Learning & Project Based Learning，简称"PBL"）等。

翻转课堂最简单的解释是：将教师与学生的角色互换，将课上要完成的学习任务通过观看视频、查阅资料等方式转移到课下，而将课下复习、写作业、答疑的工作转移到课上（马昌前等，2014）。虽然翻转课堂的本质是推动学生自主学习，然而实际上，如果只是让学生简单地观看视频，那么和传统课堂在本质上就是一样的，甚至在效果上不如传统课堂。那么翻转课堂的本质是什么？英特尔（Intel）全球教育总监布莱恩·冈萨雷斯（Brain Gonzalez）认为："翻转课堂是指教育者赋予学生更多的自由，把知识传授的过程放在教室外，让学生选择最适合自己的方式接受新知识，而把知识内化的过程放在教室内，以便学生之间、学生和教师之间有更多的交流。"翻转课堂的本质是变"教"为"学"，让传统教学模式中的以教师为中心转变为翻转课堂模式下的以学生为中心，构建以学生为中心的基于问题的自主学习模式，提升学生对元认知策略的使用频率，使他们在自主学习过程中，制定自己的学习策略，自主评估学习进度，自由管理时间等，从而提高学生的自主学习能力，加深对学科的理解。

在构建翻转课堂的过程中，尤其是在理工科领域内，PBL 教学法是很好的方式。PBL 教学法指学生以某个具体的项目或者问题为导向，利用学习资源，自主围绕这一主题实施一系列的调研，从而获取有效信息，自主构建知识网络，最后在课堂上或者通过论文的形式实现交流与反思。PBL 强调学生在解决问题的过程中自主学习，而教师在这一学习过程中充当促进者与引导者。要实行 PBL 教学法，首先需要教师圈定范围或者规定关键词，然后允许自主选题进行课堂展示或者撰写课程报告等。PBL 教学法不仅为培养学生的自主学习能力创造了可能，其本身更是有效地促进了学生的自主学习，因为该教学模式的设计理念与实施过程中的诸多环节都与学生的自主学习能力密切相关（肖立等，2017）。

为保证创新授课方式的效果，必须使用多元评价模式，传统教学中常用的只关注最终学习成果、强调甄别与选拔的评价模式不再适用。要以学生的学习结果为起点和核心，收集学习证据、安排教学内容，使评价贯穿在整个教学的过程中，融合在教师"教"与学生"学"的过程中，从而及时反馈，促进教学（张萍等，2017）。如果只是创新授课方式而不能改革考核方式，仍然是通过期中、期末考试考察大量知识点来评价学生的，那么学生在功利思想的影响下，必然会对这些创新的授课方式投入不高甚至认为这些创新授课方式是在浪费时间，仍然会将大量时间投入到对知识点的记忆中，采取简单重复的具体认知策略而不是元认知策略。因此，想要创新授课方式，就要将这些创新授课方式与平时表现纳入到考核评价体系当中去。当然，我们讲要改革考核方式不是不要考试，考试同样是提高学生自主学习能力的有效方式，只是绝不能把考试、分数当成学习的目的，因为当一种评价指标本身成为目的便不再是好的评价指标。

在培养学生自主学习能力的过程中，既要以学生为中心，给予学生更大的空间自由发挥，又要发挥教师的引领、指导作用。教师不能在课本的知识内"圈养"学生，而是要带领学生走到知识的青青大草原上，做知识的"牧羊人"；甚至，在一定情况下，要允许学生自由奔跑，老师要去做知识的"放羊人"。

（四）学生：提升自控能力，调整学习策略，培养学习习惯

在心理学中，自我控制被认为是个体适应社会的一项重要功能，在自我心理结构中占有重要地位（李婧贤等，2017）。动机只是影响个人的行动意向或目标的确立，无法保证行动意向的贯彻，这就需要自我控制来保护目标与意向。在大学阶段，学习目标的确立、学习行为的坚持、种种干扰的排除等方面，不同于初、高中阶段会受到来自家长、教师的严格监督与控制，而是处于无人监管的状态。因此，想要达到很好的学习效果，就必须进行有效的自我控制与自我管理。要想在自主学习中自主控制时间，按时且有效地完成目标，并进行自我判断与自我评价，从而实现目标，就必须进行有效的自我控制与自我管理。

牛新春（2017）在实证研究中发现，大部分同学使用频率最高的学习策略是重复，通过对新内容的反复阅读以及在复习备考时的重复记忆来掌握知识，而对精细加工与组织型的学习策略使用较少，对监视、调节、努力的元认知策略使用更少，这就导致了效率的低下与时间的浪费。调查发现，学习成绩处于前30%的同学在精细加工、组织型和元认知的学习策略使用频率上高于中间40%的同学，显著高于后30%的同学，可以说元认知学习策略的使用有益于提高学习成绩。因此，在学习策略的使用上，要强化元认知策略，减少重复性具体认知策略的使用，从而帮助自己提高自主学习能力，提高学习效果。

曾东霞（2011）基于"惯习与场域"的自主学习能力影响因素实证研究发现，习惯对自主学习能力有很大影响。那么，自己在学习过程中，就要注意学习习惯的养成，养成喜欢向老师提问、独立完成作业、经常翻阅期刊等习惯。

自主学习能力不是一朝一夕能够养成的，而是要在日常的学习生活中，更多地采用元认知的学习策略，努力提高自控力，从而逐渐提高自己的自主学习能力。

第二节 培育团队精神额，提高合作能力

在现代，生产生活的社会化程度日趋增强，科学技术既高度分工又高度整合，合作和团队精神显得格外重要。在科学研究与生产生活中，面临某个问题时，个体往往很难胜任，需要多种人才通力配合，综合多方面的知识才能解决。2008年9月9日温家宝同志在与一线教师的会谈中指出，"要教育学生学会学习，学会动手，学会动脑，学会生存，学会和别人共同生活，这是整个教育改革的内容"，其中"学会与别人共同生活"，就是学会与他人合作的前提。国务院在2001年发布的《关于基础教育改革与发展的决定》中则把培养学生综合素质摆在首位，而团队合作精神便是学生综合素质的重要组成部分。

一、团队与团队合作的概念

我国对于合作的重视，早在先秦时期的哲学、政治、经济、精神追求等多方面都有深刻反映（贾俊花等，2006）。"君子和而不同，小人同而不和"（《论语·子路》），"天时不如地利，地利不如人和"（《孟子·公孙丑上》），"力不若牛，走不若马，而牛马为用何也？人能群，彼不能群也"（《荀子·王制》），"上下一心，三军同力，名声足以暴炙之，威强足以捶笞之"（《荀子·富国》），都体现了古人对合作概念的认同，说明了团队合作对国家的重要性。地球物理学家刘光鼎院士认为现代的科学工作，不能只在书房里，用一支笔、一张纸去完成。相反要依靠集体，依靠集体的智慧。集体中的每一个成员，都要为集体的事业奋斗不已，没有集体，就没有个人，则说明了在科学研究中团队合作的重要性。

在西方，约翰·沃尔夫冈·冯·歌德（Johann Wolfgang von Goethe）认为合群永远是一切善良思想的人的最高需要，明确地说明了团队合作的重要性。亚瑟·叔本华（Arthur Schopenhauer）认为，单个的人是软弱无力的，就像漂流的鲁滨逊一样，只有同别人在一起，他才能完成许多事业。韦伯斯特（Noah Webster）则认为，人们在一起可以做出单独一个人所不能做出的事业；智慧＋双手＋力量结合在一起，几乎是万能的。

"团队（Team）"一词，衍生于日耳曼词语"taumaz"，含义为"牵引动作（Action of Pulling）"，最初用于描述动物的聚集行为。16世纪起，该词语的使用对象开始转变为人类，用于形容一群人聚集在一起工作。虽然含义仍十分简单，但这一转变从本质上促进了此概念的发展。

随后，团队作为社会生活与生产劳动的一种组织形式一直伴随着人类社会的发展，但直至最近几十年，真正具有科学概念的团队定义才被国内外的学者提出。哈克曼（Hackman）在1987年提出团队是相互依存地工作来解决问题或完成工作的个体集合体；萨拉斯（Saras）和迪金森（Dickinson）在1992年提出团队是两个或两个以上的个体集合体，他们之间存在动态的交互作用，彼此相互依赖，他们有共同的目标或目的，每个团队成员都有设定好的工作角色和职位；斯蒂芬·罗宾斯（Stephen Robbins）在1994年提出团队是指一种实现某一目标而由相互协作的个体所组成的正式群体。此定义也是目前被广泛接受的团队概念（王国猛，2012）。

国内学者也提出不少团队的定义。管理心理学把具有以下特征的一群人称为团队，各成员相互依赖，在行为上相互作用、彼此影响（俞文钊等，1997）；一群认同于共同目标，且为完成共同任务而一起工作的个体组成的高效且具有凝聚力的群体（严志庆等，2000）；由致力于共同的宗旨和绩效目标、承担一定职责、技能互补的异质成员所组成的群体（何燕珍，2001）。

至此，团队的现代定义已大致被确定下来。分析不同学者的解读，笔者发现，团队的定义具有相同的特质：共同目标、相互协作、群体。回顾此概念的发展过程，不难看出，现代定义对团队成员的要求很高，甚至在现实生活中很难完美实现，侧面说明了实现良好团队合作的难度。

团队合作（Team Work）是团队的衍生词，在古英语中的含义是：work done with a team of beats（一群野兽聚集在一起做某事），起初同样是描述动物。比尔（Bill）（1967）认为，团队合作是一群人通过个体，能够独立作决定，有着共同目标，可以一起面对面交流，每做一个计划时分享和巩固知识，而成员的决定都将影响着最后决定的过程。这一解释不但给出了团队合作在企业中的明确定义，更结合了比尔自身的经验和想法，有重要的借鉴启发意义。2005版牛津词典将"Team Work"解释为"the combine of a group, especially when effective and efficient"，则简练许多。吴会宁（2014）认为，团队合作是指一群有能力、有信念的人在特定的团队中，为了一个共同的目标相互支持、合作奋斗的过程。此定义与比尔的主题思想一致，且更具有普遍性。值得注意的是，以上两种解释都将团队合作定性为过程，即定义者将重点放在动作本身。而现代所指的团队合作多是一种精神和意愿，在这种角度下，郭庆（2009）给出了不同的定义：团队合作是一种为达到既定目标所显现出来的自愿合作和协同努力的精神。李晓云（2012）则认为，团队精神是大局意识、协作精神、服务精神的集中体现。这两种定义关注点不同，各有道理，都被大家广泛接受。刘念等（2007）对团队合作的涵义进行探究，包含4个要素即"团队分工""团队思想""团队建设""团队支持"，1个目标即"团队力量"。

综合来看，团队合作即指一群为了共同目标而聚集在一起，并为之努力的过程，在这个过程中，为了实现共同目标，成员所体现出的自愿合作与协同努力的精神即为团队精神。

二、新时代提升团队合作能力的重要性

21世纪是知识经济时代，随着信息技术的发展，全球经济发展趋于一体化，社会竞争压力持续升高。根据经济学、管理学、人际交往学等的研究成果，具备团队合作能力是人作为"社会人"，满足自身不同层次需求的必要条件，即团队合作已经成为社会生活的主流方向（付顺梅，2006）。大学是现代文明的轴心，各高校与社会、企业、科研单位需要有基本的精神共鸣，坚持以学生为中心的理念，实现学生立体化、多样性的发展，培养大学生团队合作能力是大势所趋，且势在必行。当代大学生面临着就业竞争激烈的现实，说明社会对大学生要求已经不仅仅满足于基本的专业知识与专业技能，更要求学生具有良好的综合素质（王焰新，2012）。在这种背景下，越来越多的企业或科研单位已经将团队合作能力作为重要的考核内容之一（李晓云，2012）。

在科学研究方面，学科交叉已经成为一种趋势，术业有专攻的大学生只有与其他专业的同学进行团队合作，才能更好地进行科学研究。以地质学为例，一方面，如果想要更进一步的发展，就需要借助其他学科的手段和方法。将地质学与遥感科学技术相结合的遥感地质学，是综合应用现代遥感技术来研究地质规律的促进地质工作现代化的一个重要技术领域。在这个领域需要应用电子计算机技术、电磁辐射理论、现代光学和电子技术以及数字地质的理论与方法等众多其他学科的知识。钱学森院士早在1983年就倡议创建地球表层学，认为它是一门"横跨地理学、地质学、气象学、工农业生产技术、技术经济学和国土经济学等多门学科的自然科学与社会科学交叉的科学"（童潜明，2000）。另一方面，地质学目前的知识理论和掌握的资料又可以作为工具促进其他学科的发展。例如，当前人类正面临着一系列紧迫的全球环境问题，从科学角度来看，这些紧迫的环境问题实质上是地球各圈层组成的统一系统，即地球系统各圈层相互作用产生的（毕思文，2004）。而要想明确并解决这些环境问题，需要地质学、地球化学、地球物理学、大气科学、海洋科学、遥感科学等多方面的参与（陈骏，2017）。地质学在其中起到了重要的辅助作用。党的十八大以来，习近平总书记多次提出"既要金山银山，

又要绿水青山""绿水青山就是金山银山",对地球科学服务生态文明建设提出了全新的理念和要求(张国伟,2007)。因此,优秀的地学人才必须围绕美丽中国建设这一重大命题,与其他学科的专家共同工作,着力解决生态破坏严重、生态灾害频繁、生态压力巨大等问题(张国伟等,2009)。总的来说,社会发展不仅对地球科学人才的学科交叉能力提出了更高要求,更对人才培养中的团队合作能力提出了新的要求。在综合大洋钻探计划(Integrated Ocean Drilling Program,IODP)、国际大陆科学钻探计划(Integrated Ocean Drilling Program,IODP)中,均需要古生物学、生态学、沉积学、岩石学、地层学、地质工程、地球物理、钻探等不同学科一系列学者及工程师的参与,当下没有人可以同时掌握如此多的专业知识,这说明了团队合作的重要性。

三、团队合作能力培养问题

首先,在学校教育方面,传统的教育模式不利于对学生团队合作能力的培养。回顾学生的学习成长过程,中小学时期的应试教育,是典型的对个人学习能力的考察。大学时期的学分制教育增设了实验课程和实习课程来培养学生的动手实践能力,但在实验过程中仍多以个人实验为主,较少需要小组合作的实验。总的来说,还是偏重个人学习能力,并没有专门的必修课来培养和提高学生的团队合作能力。

在这种教育背景下,大学生的团队合作能力培养主要集中在课余的体育活动、社团工作,以及需要以团队形式参加的竞赛、辩论及社会实践等活动中。虽然这些活动确实能够有效弥补课堂在培养团队合作能力方面的不足,但由于缺乏整体规划、持久性和科学的引导,培养效果有限。主要表现在这些活动而组建的团队大多在活动结束之后就被解散,难以形成持续有效的氛围。同时,课外活动大多是自愿参加的,参与面不够广,难以达到对每个学生进行有效培养的目的(刘念等,2007)。

其次,社会竞争风气方面。当今社会竞争愈加激烈,使得大家更注重个人得失,难免会滋生恶性竞争的风气。例如,一些学生为取得良好成绩选择作弊这种丧失道德的手段。更有个别成绩优秀的学生为防止其他同学的赶超,故意隐藏复习资料,不共享学习信息等。这都是不良竞争风气带给大学生的负面影响。

最后，家庭引导方面。现今社会，家长从小十分重视自己孩子的智力开发与各种技能的培养，而对如何与人相处等非智力因素却关心甚少。这可以从家长问孩子最多的问题是成绩，而很少关心孩子在校与同学、室友等的相处情况来论证。另外，性别差异和是否为独生子女对团队合作能力也存在影响。孙永正等（2015）对不同类型的大学生团队意识与合作能力的调查结果表明，女生的团队合作能力普遍高于男生，独生子女的团队意识普遍更强，但面对冲突的处理能力就相对较弱。这与当今社会的普遍认知无明显出入。

以上三方面直接或间接导致学生以自我为中心的倾向明显，不同程度地存在缺乏社会责任感、团队合作观念不强、心理素质欠佳等问题。尽管如此，我们培养大学生团队精神与合作能力的决心是坚定的。近几年，教育部、高校和教师都结合我国的情况进行了一系列的探索，采取了一定措施。中国地质大学（武汉）矿物岩石学国家级教学团队，就探索了面向本科生的"团队化课题培养"新形式，要求学生组织团队加入教师的科研团队中，学生团队要围绕所制定的学习目标和业余科研课题进行文献调研、问题研讨，定期向教师团队展示并进行讨论，接受教师团队的帮助和指导。学生普遍反映，这种形式，有压力、有动力、有活力、高效率。（赖绍聪等，2011）

四、团队合作能力培养的相关举措

学生是学习和发展的主体。不同课程必须要根据学生身心发展和课程学习的特点，关注学生的个体差异和不同的学习需求，充分激发学生的主动意识和进取精神，倡导自主、合作、探究的学习方式，即变为学生主动获取知识的新模式。从教学内容的确定，到教学方法的选择，以及评价方式的设计，都应有助于这种学习方式的形成。

论辩式、体验式、角色扮演式、汇报式都离不开小组内各个成员间的合作。调查结果为在实施本教学模式后，无论是哪种教学方法，案例教学的组织和实施都需要小组的通力合作，从而实现学生团队合作能力的培养目标。当学生的学习态度、教学课堂氛围和能力素质发生了改变时，即该教学模式效果良好，实现了既定的团队合作能力的培养目标。但也有需要改进的地方，如个别同学的参与热情不够、课程考核方式有待进一步改进等。总体来说，这是一次比较成功的团队合作教学模式的探究，为其他高校和教师提供了借鉴的对象。

除了上述探究外，吴家荣（2007）对拓展训练是否促进大学生团队合作能力进行了一系列实验研究。结论是，大学生在接受拓展训练教学之后，在合群意愿性、对他人的包容性及互惠性方面都有显著的提高，大学生的团队合作能力也有明显提高。于洁等（2017）提出了智慧教室、翻转课堂的团队合作学习模式的探究。该探究过程中引入的 Team Model 智慧教学平台是一套能够协助教师在课堂中执行团队合作学习模式的辅助系统，高度整合了电子书包、IES 云端补救学习平台、实物提示机、交互式电子白板及智慧教学 APP，初步实现了教学与科技相结合，大大提高了学生学习的主动性和思维的逻辑性，在不断磨合中，找到了最适合学生自身的合作模式。这次尝试为之后对团队合作能力培养的方法探究提供了新的工具和思路。除了对所有课程均适用的教学模式探究外，各高校教师分别针对自己所教课程的特点，如英语、高数、体育等，探究了不少有价值的、值得借鉴的方法。与此同时，国内教师也积极引进并学习国外优秀的团队合作培养思想。如曾令泽（2015）对运用元规划法——德国一项组织交流模型和沟通促进方法来培养团队合作能力取得的效果进行了探析。国外的学者也对教学方法进行过许多探究，Tony Jewel（2007）提出了增强团队合作能力的多维教学模式（Multi Dimensional Teaching Model）。

除了上述对课堂内团队合作能力培养的探究外，还应该注重将培养学生的动手实践能力与团队合作能力相结合。尤其是在地球科学领域，地质教育以众多的野外调查为特点，具备培养团队合作能力的独特优势。以中国地质大学的北戴河地质认识实习、周口店地质教学实习和秭归地质教学实习为例，在野外剖面测制、手标本采集的过程中，需要小组成员的通力合作，如测量地层产状时同一小组各个成员测量后取平均值才能得到比较准确的结果，实测剖面时需要成员间的配合，最后绘制剖面图、地质图、撰写实习报告更是离不开小组成员间的合作。在实习中引导和教授学生团队合作方法，在日常教学中逐步培养团队合作精神，取得了不错的成效。

五、培养团队合作能力的对策建议

（一）政府：调动家庭参与，提高社会关注度，发挥社会主义制度优越性

养成良好的团队合作精神不是一朝一夕就能够完成的，也不是单单靠高校或者教师的教育就能实现的，这取决于长时间、全方位的教育熏陶（刘洁，2014）。调动家庭在培养学生团队合作精神方面的主动性，提高全社会对团队合作能力的关注，形成社会、学校、家庭的全方位教育是十分必要的。父母要培养孩子作为家庭成员所应有的责任感，实际上也就是培养他们的合作精神。据调查，在和谐互助的家庭氛围的长期熏陶下，孩子的团队合作意识明显提高。因此，家庭教育有着不可替代的作用。社会有责任通过媒体、网络等现代传播手段把事实上的相互依赖变成有意识的团队合作，形成从家庭到学校、从学校到社会的全方面、长时效培养教育模式。家庭和高校都应担负起培养学生建立团队合作精神的职责，这样才能培养出更合格的优秀大学生为社会所用。（周靖云，2002）

要发挥我国社会主义制度的优良传统。要在强调个人能力、强调自我的同时，注重从小培养学生的集体主义精神。而在大学阶段，军训或积极开展户外拓展等方式也有利于培养学生的团队合作能力。

（二）高校：改革课程设置，建立评估机制，打造合作平台

培养团队合作能力是素质教育的重要组成部分，学校需要把培养团队合作能力提高到教学目标的高度，从整个教学过程上予以重视。这就需要学校改变教学计划，明确指出培养团队合作能力的重要性和必要性。同时，要提高教师对团队合作能力的重视程度，更好地采取措施，落实培养举措。

为了全面提高学生的参与度，使团队合作能力培养进行得更加系统化，高校需要改革传统课程设置，增加"团队合作"课程，作为学生的必修课。当下，高校存在的一个问题是没有形成良好的合作氛围，以至于学生的合作意识淡薄。这一点与学校缺乏系统的团队合作教学课程有关，学生能够接触到的增强团队意识的机会太过于零散，且主动参与的积极性较低。在这种情况下，就需要学校进行有意识的引导和强化。增设"团队合作"课程就是一个良好的途径。通过对团队合作理论的学习，使大学生系统地认识团队合作的内涵与外延，帮助学生形成更全面、更完善、更能适应社会环境变动的竞争、合作意识。目前，不少国家和机构已经开设了该课程。

要从根本上使团队合作成为高等教育的一部分，还要改革现有的素质评估体系，建立对团队合作精神和能力的评价机制。《国家中长期人才发展规划纲要（2010—2020年）》中体制机制创新这一章提到：建立社会参与的人才培养质量评价机制；要根据培养目标和人才理念，建立科学多样的评价标准；完善学生成长记录，做好综合素质评价；探索促进学生发展的多种评价方式，激励学生乐观向上、自主自立、努力成才；改变之前成绩比重过大的不合理评估机制，注重从实践中发现人才，从而做到对学生整个学习过程与综合能力更加客观、合理的评估。

团队合作归根到底是一种实践性活动，学生能够充分接触团队合作，实践团队合作，是培养团队合作能力的重要环节。大学生团队合作精神的养成要求高校坚持校内教育和校外教育相结合。一方面，注重校内教育，高校应积极开展丰富多彩、锻炼团队合作能力、以团队为单位的文体活动，如开展篮球赛、辩论赛等各类竞赛，通过各类团体教育和活动促进大学生合作精神的培养。学生在参与过程中可以学会合作，了解团队合作精神的重要性。另一方面，重视校外教育，高校要采用积极有效的校外教育方式，如社会实践、社会调查、就业实习、志愿者活动等，促使大学生走出校园，在与社会的接触中得到锻炼，培养团队合作精神，增强与人民群众的感情。此外，高校应该通过自身的社会影响力，邀请劳动模范、英雄官兵为学生开设讲座，以他们的成功案例及丰富的社会阅历启迪大学生，在为大学生建立学习榜样的同时，让学生了解到团队合作精神的重要性和必要性，增强大学生培养团队合作精神的自觉性。（陈霞，2011）

（三）教师：改变授课理念，优化评分体系

传统授课理念以教师讲课为主，学生的参与度较低，且缺乏培养团队合作能力的保障机制。在这种现状下，课程教学可以采用分组的形式，以学生为中心，培养学生主人翁精神，使学生更加主动、积极地参与学习生活，发挥主观能动性，打造合作型师生关系，培养学生的团队合作精神。具体来说，教师可以通过翻转课堂的方式，在授课前让学生

自由分组，在之后的学习中布置任务，让小组内部自己分工，随后进行课堂展示、辩论和研讨，最后老师点评并提出建议。通过这种过程，锻炼学生之间互相沟通、相互配合的能力，在培养学生团队合作能力的同时也有助于培养学生的创新思维能力。值得提出的是，这种教学方式的实行，需要教师在教学活动中确保公平公正的学习环境，如此才能最大限度地发挥学生的潜能，达到想要的效果。

高校要改变综合素质评价机制，进一步落实到课堂上就是要改变评分体系。相关研究表明，以团队共同成绩为酬薪基础，成员倾向于合作；而以个人成绩为酬薪基础，成员倾向于竞争，并在团队中相互干扰。（刘念，2007）在学习生活中，我们需要合作，也需要竞争，两者相辅相成，各占一定比例，而这个度较为灵活，需要教师自行设定。从培养团队合作能力的角度来看，课堂的评分机制应该结合小组表现和个人成绩，适当提高小组表现得分比例。

（四）学生：用足学校资源，增强合作能力

对大学生来说，想要更好地培养团队合作精神，首先要正确认识竞争与合作之间的关系，善于参与团队合作，从而在团队合作中更好地发展自己。通过自己在团队合作中的切实经历来思考竞争与合作经常彼此交错的现象，用自己的经验教训提高团队意识，权衡竞争与合作的重心。

参与团队合作的过程实际上是提高自身服务精神、协作精神和大局意识的过程，是提升自身品德修养、学会做人的过程。学生应该在日常学习中积极接受思想教育，多接触并传播社会正能量；树立批判性思维，理性看待日常生活中的事件；积极参与各种志愿活动，培养服务精神；在活动中有意识地锻炼自己的领导能力并增强大局意识。此外，学习团队合作理论知识也十分必要，即学生应该充分利用资源，提高综合素质。在学习生活中应积极参加社团、体育、辩论等活动以及社会实践活动。在参与的过程中，与队友树立共同的目标，能够信任团队成员，理性对待团队合作过程中的良性冲突，承担自己的责任。

第三节　开阔国际视野，提升交流能力

本节旨在厘清国际视野和国际交流能力的概念，明确拓展国际视野、提升国际交流能力在新时代对人才培养的重要性，分析我国高校对本科生国际交流能力的培养现状，并从政府、学校、教师和学生四个层面，提出扎根中国大地、培养学生国际视野和国际交流能力的建议。

一、国际交流能力的内涵

"国际交流能力"一词使用广泛，但学界对它的含义尚没有一个明确的意见。国际交流能力是指一种在思考问题时具备国际视野与全球胸怀，知识体系与思维方式能够与国际进行对接、交流与沟通，进而适应在国外生存与发展的跨文化能力。

具有国际视野和国际交流能力的优秀人才，应当表现出如下的特质：具有国际视野、理解多元文化、实现有效沟通、具备精深专业、把握利益平衡。下面，围绕国际交流能力，进一步解析其关键要素。

（一）拥有国际视野

视野指的是一个人视力所能及的范围，而国际视野是指人们在思考问题时，不再局限于自己所处的地点与环境，不再局限于自己的文化背景，而是能够站在国际的高度上，以全球的眼光来看待问题。它是一个人在全球化背景下所应具有的知识、能力、素质的综合体现。对大学生而言，这种全球意识和综合素质表现为，能够面向经济全球化、信息全球化，具有全球化视野，主动关注世界性问题，关注人类的共同命运，了解世界不同文化的历史与特点，认识不同文化共存的合理性。（王建军等，2009）可以说，拥有国际视野，在国际交流过程中能无往而不利。

（二）实现跨文化沟通

在国际交流中，实现跨文化沟通能避免可能产生的交际错误，以期更好地加强交流与合作。跨文化沟通需要语言手段，更需要文化理解。语言是实现跨文化沟通的重要手段。语言包括口语、书面语、肢体语言等。在进行跨文化沟通时，对语言的全面掌握是达成预期沟通效果的重要保障。这里不仅要学习掌握不同的语言，还包括语言背后所赋予的丰富内涵。另外，沟通者来自不同的文化背景，有不同的语言、宗教信仰、风俗习惯、价值观念等，这需要沟通者有公平、正义的价值观，尊重不同国家、民族的文化、价值等，相互理解，认识到各个民族的价值观都有自己的历史背景，也都有优长劣短，超越不是真理就是谬误的认识论思维模式，倡导一种多元共存的、理性的、宽容的价值理念。总之，跨文化沟通能力是指在多元文化背景下，大学生能正确理解文化差异，掌握并运用有效的沟通手段、恰当的沟通方式，实现预期沟通目标的能力。（吴显英，2007）

（三）主动获取信息

进行国际交流需要主动获取信息，并具有高效的信息处理能力。信息处理能力包括信息分析能力、信息利用能力等。对信息进行有效处理的前提是能迅速获取信息资料，时刻保持主动姿态。在全球化、信息化浪潮的背景下，网络上充斥着各种各样的信息，要想在众多的信息中找到自己需要的不是一件易事，这需要人们具有相应的信息获取能力。信息获取能力也是人们立足于社会的重要能力和先决条件。

（四）懂得辨析取舍

"当今信息世界有关国际社会的信息汗牛充栋、泥沙俱下，如不对信息的选择与分析方向加以引导，那么引起思想的混乱与行为的失当将在所难免。"（冯绍雷，2006）取舍能力就是在多元的国际化背景下，能够保持清晰的头脑对得到的信息进行分析和评判，在全球化进程中保持民族性与个性。（姚福生等，2008）文化总是一定历史背景的产物，有它的适用域。取舍的关键是要对异域文化进行分析、评判，包括它的优点与缺点。具有国际交流能力的人善于从世界文明发展史中汲取智慧和经验，做到为我所用，以人为鉴、以史为鉴，在历史长河的滚滚洪流中找准自己的定位。（顾海良，2008）

二、新时代提升国际交流能力的重要性

（一）全球化进程迅猛发展的需要

在全球化、信息化进程日益加快的背景下，我国的高等教育逐渐走向国际化，国内外高校间的合作与交流日趋频繁，已成为让中国走向世界、让世界了解中国的重要窗口

和平台。这期间，大学生间的交流必将成为重要的桥梁和纽带。当代大学生的国际交流能力直接影响到大学生的自身发展，并最终影响到国家的进一步发展。高校如何增强大学生的国际交流能力，成为我国高等教育"面向现代化、面向世界、面向未来"的重要课题。当代大学作为培养具有国际化、创新型高素质人才的基地，培养出的人才不仅需要具备宽厚的基础知识、敢于创新的勇气、善于创新的能力，还要具有面向世界的胸怀和开展国际交流合作的能力。可以断言，积极培养当代大学生的国际交流能力，提高他们的国际合作的意识，是顺应高等教育全球化趋势的必然要求，是实现我国高素质人才培养的必然要求，也是推动中国走向世界的必然要求。（尤小霞，2009）

（二）"一带一路"建设的需要

习近平总书记指出，共建"一带一路"，"要坚持经济合作和人文交流共同推进，促进我国同沿线国家教育、旅游、学术、艺术等人文交流，使之提高到一个新的水平"。在"一带一路"建设中，教育举足轻重，具有基础性、全局性、先导性的作用。（刘宝存等，2016）"一带一路"沿线各国"教育特色鲜明、资源丰富、互补性强、合作空间巨大"。古丝绸之路既是通商之路，也是沿线各国的文化交流交融之路。（金巍，2016）随着经济全球化和区域一体化进程的不断加深，不同国家、地区间的教育交流与合作也在持续推进。大学生作为交流的主体，急需开展国际交流能力教育，为未来参与"一带一路"全面合作奠定坚实基础。

（三）提高个人核心竞争力的需要

当下随着多学科的不断交叉，社会变化的速度加快，信息传递、知识更新速度呈指数增长，国际交往日益频繁，人们获取信息的渠道将更畅通、更便捷，人力资源配置方式逐步市场化，人才的全球性竞争越演越烈。（姚福生等，2008）随着人才整体素质的不断提升，社会对人力资源的要求将越来越高。面临着日趋激烈的生存和发展竞争，面对祖国和民族的期待和希望，当代大学生如何凸显个人在人才市场和职业生涯中的竞争优势，如何培养和提高自身的核心竞争力，是摆在他们面前的一项重要而紧迫的任务。（蒋光忠，2007）完成这项紧迫任务，大学生不但要具备强烈而自觉的竞争意识，有自我表现、自我实现的热情和冲动，更要具备国际交流能力，用一种国际眼光审视自我、发展自我，通过国际化竞争锻炼自己的才能，实现自己的人生价值，成为对国家建设、对社会发展的有用之材。

（四）成为新时代拔尖创新型人才的需要

就高校教师而言，所谓拔尖人才，是指品德高尚、学术造诣深厚、教学经验丰富、潜心学术、深受学生爱戴的优秀教师；科研上具有国家领先水平、具有创新能力和发展潜力的科学家和学科带头人。（马德秀，2006）拔尖人才的成长和发展是有一定规律的，中国地质大学（武汉）国家杰出青年基金获得者李素矿研究发现，这些拔尖人才在成长成才的过程中都有赴发达国家著名高等院校或研究机构攻读博士学位和进修的阅历。据统计，获得国外或国内外联合培养博士学位者占42.37%，且多集中在美国、英国、法国、日本、澳大利亚、德国、加拿大等发达国家。在国外研修时间6个月以下者仅占8.77%，6～12个月占15.79%，13～18个月占8.77%，19～24个月占7.02%，24个月以上占59.65%，40.4%的中国科学院地学部院士也是在国外取得的博士学位。（李素矿等，2009）所以说，要成为适应新时代的拔尖人才，就需要树立全球眼光，深入开展国际交流合作，不断提升国际交流能力。

为什么具备国际交流能力是拔尖创新型人才的基本要求？这可以从创新的起源和影响因素上得到解释。杨旸（2017）将影响创新的因素归纳为内部和外部两个方面。内部因素又称为节点因素，表达的是技术进步所遵循的由低级到高级、由简单到复杂的逻辑关系。简单的创新一定会先产生，而复杂的创新将会在后面出现。这个节点因素就如同国家自然科学基金申请书中要申请人回答的"关键科学问题"，它其实指的正是一系列完整研究中，最需要首先获得突破的那个创新的"点"。利用思维导图，把科学目标进行分解，从复杂推到简单，就有利于从末端上找到这个关键"点"。创新的外部因素就是通过与外界交换经验和信息实现创新。对外界的认知越深，创新的机会就越多。因此，重视学术交流，学会思考，学会提问，对于实现创新意义重大。这也启发我们，应让本科生和研究生多参加导师团队的组会，交流新思想，提出新问题，对提高创新能力有重要作用。

三、国际交流能力培养现状

随着我国对外开放程度的不断提高，高等教育的国际化趋势越发明显。高校在提升学校的国际知名度和学术地位过程中，越来越把关注度聚焦到如何增强学生的国际交流能力上来。

2013年，我们对本科生进行了国际视野培养和出国留学情况的问卷调查。共发放问卷500份，回收问卷423份，回收率为84.6%。有效问卷覆盖了学校不同专业、不同的年级。关于大学生国际视野培养问题，86.9%的学生认为意义重大，10.9%的学生不太了解，只有极少数认为意义不大。学校各专业国际化教育的资源总体匮乏，且分布不平衡。其中，只有16.5%的学生对学校的国际化教育环境感到满意，而有高达83.5%的学生认为，学校的环境和教育难以满足自己成为国际化人才的要求。对于大学生的国际交流能力，在语言能力方面，有51.5%的学生没有参加过相关考试，且参加国外学校普遍认可的托福考试成绩达80分以上和雅思考试成绩达6.5分以上的学生仅为4.2%；98.1%的学生认为自身的英语水平只适用于简单交流，与外国友人深入交流很困难。

接受问卷的本科生中，有过一次以上出国经历的占18%，从未出过国的高达82%。对于本科生拓展国际视野的方式，选择比较多的分别是海外留学（29.3%）、阅读国外书刊（20.0%）、参加各类国际交流活动（18.0%）。对于出国留学意愿，37.3%的学生有非常强烈的出国留学意向，余下62.7%的学生举棋不定或不想出国，从一定程度上说明我校学生国际视野不够开阔、出国比例偏低与学校缺乏国际视野教育有关。

大学生选择出国留学的原因依次为：能开阔眼界、增长见识（32.2%），国外大学先进的学术水平和教育质量吸引（28.3%），外国文凭在国内的含金量高、回国就业更具竞争力（17.2%），国外良好的生态环境及优越的物质生活水平、福利水平吸引（10.1%）等。从留学途径来看，学生更倾向于通过学校的国际交流项目，39.4%的学生选择学校校际交流项目，25.8%的学生选择中外合作办学项目，21.6%的学生希望自己向国外学校提交申请，4.8%的学生选择校外留学中介机构。关于学生获取出国留学或国际交流的信息，38.1%的学生是通过校内相关宣传讲座来了解，44.5%的学生是通过网络来了解，13.9%的学生通过相关宣传册了解，3.5%为同学、老师、他人推荐等，这说明我校对学生出国留学信息的宣传渠道有限，力度也有待加强。在出国留学的经费承担方面，43.2%的学生认为自己家庭最多可承担8万元人民币/年以下的费用，且30.9%的学生认为家庭没钱支付，只有23.1%的同学认为可以承担8万元人民币/年以上的费用。学生在选择留学院校时，主要考虑的因素是专业排名（28.5%）、学校知名度19.6%）、学费高低（19.0%）、学校所在国家（17.8%）、毕业生就业率（10.9%）及学制长短（4.2%）等方面。学生最理想的留学国度为美国、加拿大（41.6%），英国、法国、德国等欧洲国家（33.5%），日本、韩国、澳大利亚（14.2%）及其他发达国家如挪威、奥地利、巴西、瑞士等（7.4%），选择亚非地区发展中国家的只有1.1%。关于学生感兴趣的出国留学项目主要是国际交换生项目（33.8%）、本硕"3+2"项目（25.6%）、短期游学项目（22.2%）及本科"2+2"项目（13.9%）。为了改善国际化办学环境，学生建议，学校要建立与国际接轨的课程体系（36.4%），引进国际化教育理念、建设国际化师资队伍（34.3%），为学生提供访学和参与国际性论坛的机会（18.5%）及提供最新国际商业资讯（98%）等。

部分学生不愿意出国留学的原因，分别为出国成本太高（38.5%）、对未来发展方向不确定（19.2%）、不愿漂洋过海（14.7%）、担心不适应国外生活（13%）、担心跟不上国外学习的方式（10.4%）等。

浙江科技学院的朱吉梅（2015）从语言能力、跨文化能力和交际策略三方面对700名来自某省属高校一、二、三年级非外语专业本科生进行了国际交流能力的现状调查，调查的时间是2012年。调查结果与分析如下：

（1）参与国际交流方面

调查结果表明，曾参加国外夏令营的学生为4%，交换生为2.7%，参加2个月游学的学生为3%，没有国外学习交流经验的学生为91.3%。可以看出，随着高校国际交流与合作工作的推进，开始有不少学生通过参加夏令营、游学、交换生等方式走出国门，到国外高校学习，开阔视野，扩大眼界。但总的来说，有国外交流学习经历的学生比例偏低，不足10%。

大学生参与国际交流的途径也多种多样。据调查统计，参加外国专家讲座占77.8%，上网占74.7%，看电视占58.5%，阅读占55%，外籍教师授课占29.5%，与在华留学生交往占12%。目前高校一方面加大了外籍教师聘用力度，每学期通过开设讲座丰富校园国际化氛围；另一方面邀请国外专家通过校际合作项目来到中国高校讲学。另外,此类讲座具有覆盖面大的特点,是选项中排名第一的国际交流途径。信息全球化和网络突破了时空的限制,成为当代大学生获取信息的主要来源。观看电视、一般性阅读网络英语文章等,作为传统的获取信息的工具,也是大学生参与国际交流的主要途径之一。虽然高校加大了外籍教师聘用力度,但为学生开设的课程毕竟有限。由于受学分、时间等限制,能选修外教课程的学生总量不是很多。近几年各高校招收留学生人数逐年增加,校园内出现了来自各国不同肤色的留学生,这也为部分学生提供了参与国际交流的机会。

（2）语言能力方面

良好的语言能力是能够进行国际交流的前提。听、说、读、写是外语学习最基本的4项技能。为了解学生的4项技能水平,采用了《课程要求》中学生对自身英语听、说、读、写的能力评价表,听、说、读、写分别有5个陈述句,采用里克特五级量表,在完全同意、同意、没有意见、不同意、完全不同意中进行选择。如测试听力水平,就从以下五方面进行测试:①能听懂英语国家人士英语日常谈话;②能听懂指示语,如指路、如何做某事、操作指南等;③能听懂讨论的主题,掌握其中心大意,抓住要点;④能听懂题材熟悉、篇幅一般的英语广播或电视节目;⑤能使用基本的听力技巧帮助理解。

从整体上来说,对4项技能的调查数据表明,选项"完全同意"的比例明显高于"完全不同意";"完全同意、同意、没有意见"3个选项的比例之和在80%左右,而"不同意、完全不同意"的比例不到20%。近年来大学英语教学改革一直在如火如荼地进行,采用了基于计算机和课堂的英语教学模式,既传授语言知识与技能,又注重培养语言实际应用能力,进一步提高了学生的听、说、读、写技能。

就听力而言,12.4%的学生选择"完全同意""能听懂英语国家人士日常谈话"。经过10多年的英语学习,这一部分学生的听力有了飞跃,能够完全听懂英语国家人士英语日常谈话。但由于学生听英语广播、看英语电视节目的机会较少,只有7.5%的学生选择"完全同意""能听懂题材熟悉、篇幅一般的英语广播或电视节目"。另外,听力技巧的训练也有待加强,只有7.6%的学生选择"完全同意""能使用基本的听力技巧帮助理解"。

就交流能力而言，与"能听懂英语国家人士日常谈话"的选项相反，只有8.5%的学生选择"完全同意""能与英语国家人士就日常话题进行简单交谈"。听与说是完全不同的两项技能，能听懂并不代表能交谈，中间涉及许多非语言交际的内容。

就阅读技巧而言，调查结果显示，51.3%的学生选择"完全同意"或"同意""能借助词典阅读专业的英语教材和题材熟悉的英文报刊的文章，掌握中心大意，理解主要事实和有关细节"，但只有37.8%和35.4%的学生选择"完全同意"或"同意""能读懂生活中常见表格如注册表、申请表、问卷调查表等"和"能读懂指示语、产品说明书、海报、邀请函等"。英语教材、英文报刊是学生经常遇到的阅读材料，对此学生很有把握。而生活中常见的英文表格、指示语、产品说明书、海报、邀请函等通常不在教材内出现，在中文环境下学英语的学生一般不太容易遇到这些材料，导致学生对此非常生疏。

就写作技能而言，调查结果显示，53.7%的学生选择"完全同意"或"同意""能写出或回复他人祝贺卡、生日卡、邀请信、便条、短信、通知等"，但只有34%的学生选择"完全同意"或"同意""能写出或回复个人或公司的信函、电子邮件、传真等"。在日常生活中学生之间经常发送祝贺卡、生日卡、邀请信等，有时也会用英语书写，而且目前市场上也有很多英文版的祝贺卡、生日卡、邀请信等；而个人信函、公司信函、电子邮件具有私密性较强的特点，学生接触机会少，只有4.8%的学生选择"完全同意""能写出或回复个人或公司的信函、电子邮件、传真等"。

（3）跨文化能力方面

跨文化能力是一种具备国际视野、能够了解外国文化并正确做出取舍的能力。从调查结果来看，面向世界，积极主动与人交流成为当代大学生的主流。51.1%的学生选择"完全同意"或"同意""认同国际文化，具有国际意识，理解国际社会，关心和宽容异国文化"，14.2%的学生选择"不同意"或"完全不同意"。

此外，调查发现，大学生对中国历史文化的了解还有待加强。有16.5%的学生选择"不同意"或"完全不同意""了解本国文化、历史、风俗等"。借鉴学习西方文化，取其精华、弃其糟粕，是我们学习和借鉴西方文化的基本原则。

（4）交际策略使用方面

交际策略使用是指能够进行有效的沟通，它包括产出性策略和接受性策略。在产出性策略方面，32.4%的学生掌握了基本会话策略，能使用相应的写作策略。如开始、继续或结束会话，让人重复所说内容，开展有效的自我纠正等。就接受性策略而言，53.6%的学生能在听的过程中使用基本的听力策略，如听懂主旨思想和重要细节；60%的学生掌握了基本的阅读策略，如根据上下文线索猜测生词、习语或句子的意思，开展寻读、略读等。学生策略使用中的差异与我国英语传统教学有很大的关系，多年的英语应试教学过多强调了听和读，忽略了英语产出性能力的培养。语言交际策略在交流中起着非常重要的作用，交际策略使用得当有助于顺利开展交流，交际策略使用不当有时会引起双方的误解。

总的来看，高校的办学国际化还处于起步阶段，加强办学国际化的硬件和软件建设，任重道远。

四、培养国际交流能力的对策建议

造就更多适应新时代的拔尖人才，提升本科生国际交流能力，需要多方合作，共同努力。下面将从政府、学校、教师和学生四方面来讨论培养策略，提出初步建议。

（一）政府：调整政策，协调职能，发挥好资金的导向作用

事实证明，本科生积极参加国际交流与合作项目，能够有效提高自身的国际交流能力。但在推动本科生积极广泛地参与国际交流与合作项目的过程中，仍然存在很多问题。调查发现，有国外学习交流经历的学生仅占8.7%。（朱吉梅，2012）所以，为了培养能为国家做出贡献的新时代拔尖人才，建议政府应在各个方面对项目的发展进行优化。

要加强对国际交流与合作的研究，借鉴发达国家经验，深入调查高校在开展国际交流与合作进程中的难题，适当调整现行政策法规中的条款，制定详细、针对性强、可操作性强的法规，使政策具有较强的时效性和先瞻性。尤其要协调政府各部门职能，简化审批程序，提高工作效率，避免重复，以保护高校开展国际交流与合作的积极性，尊重和激发高校师生参与国际交流合作的热情，推动高校国际交流工作深入发展。（闫温乐，

2006）

我国政府高度重视出国（境）留学和来华留学事业的发展。1996年，我国成立了国家留学基金管理委员会（简称"基金会"），是直属于教育部的非营利性事业法人机构。基金会根据国家法律、法规和有关方针政策管理、使用国家留学基金；用法制与经济手段管理出国留学与来华留学事务，合理确定有关资助项目与方式；制定管理规章，发挥基金使用效益；受委托管理各项与国外双边、多边交换或单方奖学金，资助有益于中国教育事业和对外友好关系发展的项目；与境内外相应机构开展交流合作，并接受委托管理有关教育交流和科技合作方面的其他事务。从2012年开始，基金会设立了"优秀本科生国际交流项目"，每年选派一批本科生赴境外高校或研究机构学习，并颁布了《优秀本科生国际交流项目选派办法（试行）》，明确了选派学生的选拔要求。该项目实施步骤为：基金会向各高校征集项目，基金会组织专家评审，通过的项目由各高校组织实施，基金会进行监督和考核。专家对项目的评审主要考虑中外双方的合作基础、合作单位及拟选派专业情况、国内学校拟选派专业情况、培养目标、项目管理情况等方面，重点支持具有引领、示范、创新、特殊目标的项目，以及高校人才培养改革试点专业及其他培养模式创新、创新型人才培养的项目，提升国内高校培养水平。项目运行6年来，成效显著，对推进办学国际化发挥了积极的导向作用。下一步，需要瞄准国家重大战略，聚焦国际化创新型人才的培养，调整派出人员结构，重视不同类型高校、不同类型国家和地区的覆盖面。

（二）高校：深化人文交流，推进课程和师资建设国际化

要切实提高国际交流与合作项目的教学质量和效果，提升学生的国际交流能力，首先要为学生打牢国际交流能力的根基。要充分利用学校的国际资源，利用国际一流大学的知名学者、专家来学校访问或讲学的机会，邀请他们为学生作专题报告，让学生直接面对国际一流学者，使学生可以直接接触到国际前沿的科研成果。组织学生与在校国际学生结对子，开展讨论、联谊、文体交流活动，帮助学生提高跨文化交流能力，进一步了解其他国家文化与风俗。要利用好学校召开的大型国际学术会议或者论坛这一平台，鼓励学生参与国际会议组织和志愿者服务。巴基斯坦各个大学，在组织国际会议时，都是由本科生或研究生担任大会的司仪，这对培养学生的国际交流能力具有重要的推动作

用。通过近距离接触文化多样性，多角度深化人文交流，拓展学生的国际视野。

课程国际化是提高教学质量、培养国际化人才的重要抓手。国际化的课程是以培养国际化人才为导向，为学生设计能体现国际化倾向、以一门外语为媒介讲授的课程。（吴丽萍，2017）课程国际化主要体现在教师开设国际性课程、开设双语课程、引进国外课程体系、引进国外原版教材等方面，如"开设国际经济与贸易""国际关系""外国文学"等国际通识课程，使学生能有机会不出校园便可接触到国际化知识元素。高校可以在所设置的课程中加入世界经济、政治、文化、历史等相关联的元素，从而使学生在思考问题和解决问题的时候具备国际化思维与视野。中国地质大学（武汉）矿物岩石学国家级教学团队长期坚持聘请国际著名科学家讲授本专业的基础课程，形成了国际名师梯队，有效地提升了教学水平和学生的国际交流能力，取得了显著成绩。

此外，为造就一批适应新时代的拔尖人才，培养学生的国际视野和国际交流能力，学校要加强教育国际化的顶层设计，促进与国外合作院校的深度合作，通过学生互换、校际交流、互免学费、互认学分、联合培养等多种形式，建设"2+2""3+2""2+1+2"等多样化的人才培养模式，建立联合培养的常态化机制。2012年11月，中国地质大学（武汉）牵头，与德国卡尔斯鲁厄技术大学、澳大利亚麦考瑞大学、法国巴黎第六大学、澳大利亚昆士兰大学、美国斯坦福大学、美国劳伦斯国家实验室、加拿大滑铁卢大学、中国香港大学、英国牛津大学等世界著名高校合作共建了"地球科学国际大学联盟"，为扩大教学科研合作，尤其是本科生的联合培养，搭建了良好平台。之后，中国地质大学（武汉）又拨出专款，建立了"大学生国际交流基金"，由国际教育学院牵头实施，支持品学兼优的学生赴国（境）外短期交流，取得了良好的效果。

要改善师资评价体系，鼓励教师为拓展学生的国际联合培养和合作渠道献计献策，多做工作。尤其要发挥著名学者国际交流广泛的优势，引进高质量的联合培养项目，营造国际化的校园语言和文化环境，加大外籍教师聘请力度，开设全英文或双语授课课程，多为本科生提供出国（境）短期游学、参加国际会议的机会。（马昌前，2018）

由于地球科学研究的全球属性，鼓励大学生开展国际交流合作尤其重要。因地质历史时期演化的不同，所处构造环境的不同，故地质现象具有全球分布的不均衡性与特异性。比如，北美由于板内稳定的环境形成一套从寒武系到第四系完整的沉积地层，并由于科罗拉多河的切割形成了壮美的科罗拉多大峡谷，这与中国华北、扬子在地史演化中不断抬升侵蚀与下降沉积的过程是截然不同的。在科罗拉多高原西北向的大盆邻省则以发育特有的盆岭构造著称，这同样是中国所没有的。此外，中国境内缺乏大型的活火山，仅在云南腾冲、吉林长白山有所分布，而这可以在意大利、印度尼西亚、日本等板块俯冲带广泛看到，比如维苏威火山、埃特纳火山等。与此不同，处于特提斯、古亚洲洋和太平洋多构造体制交汇的中国大陆，地质现象丰富多彩，形成独特的矿产资源组合，是地球科学创新的摇篮，也深受全球地球科学家的青睐。我国矿产资源种类齐全，已探明储量的就有159种，其中钨、锡、锑、稀土、钛、镁等12种矿产的探明储量居世界第一位。但这些独特的地质现象、位居世界前列的矿产资源的形成，还需要通过国际合作才能有深入认识。因此，在地球科学类高校，广泛开展针对本科生的海外地质学专业的访学或者海外地质野外教学十分必要。同时，也要重视派遣博士生或者年轻教师参与交流，促进本科生交流效果的提高。

（三）教师：增强国际交流意识，努力为学生开拓国际联合渠道

没有教师教学科研的国际化，就不可能有教育和人才培养的国际化。没有一支具有精深专业水平、较高的外语应用能力和一定的国外生活经历的师资队伍，提升学生的国际交流能力将成为空中楼阁。为此，应鼓励教师为学生拓展国际交流渠道，同时，加大力度提高师资队伍的自身素养和国际合作交流水平。

首先，要鼓励高校教师有针对性、有重点地到国外一流大学进行研修交流、访问，参加国际化学术会议，学习前沿的知识，带回先进的理念，以提高教师的专业素质和国际交流能力，与世界一流大学建立广泛联系和深入的合作关系。同时，学校应给予一定的政策支持及物质奖励，提高高校教师进行国际交流与合作的积极性。具体措施可以是将国外学习和工作经历列入职称评定、岗位聘任的指标范围。另外，学校可以通过开展相关培训、组织学术交流座谈会等形式，构建一个留学回国人员与校内教师交流对话的平台，充分发挥留学回国人员在人才培养、学科建设、国际交流合作中的作用。

其次，教师自身应有意识地加强对国外文化和习俗的认识。具体措施可以是招收外国留学生，在与国际学生"教学相长"的过程中，丰富教师的教学和科研经历，拓展教师的教学思路，也能够使他们更加了解不同国家的文化差异。这样，就能把知识及蕴含在知识中的学习方式、思维模式教授给国内学生，使学生理解国际社会，关心和宽容异国文化。

最后，教师应改变教学理念，树立大国际交流观念。"国际交流"是个大概念，从交流层次来看，它有日常交际、学术交流、谈判交涉等。在大学英语教学理念上，教师应从语言技能的教学向突出国际交流能力的培养转变，培养学生口头交流和书面交流的能力。另外，阅读是听说的前提和基础，为有效进行交际，应增加英语语言知识的输入，逐步加大学生的阅读量，拓展阅读的广度和深度。（王守仁，2006）总之，学习外语知识、掌握外语技能的最终目的，是使学习者具有直接参与国际交流的能力。学习外国语言最重要的目的之一是为了促进和实现不同文化之间的交流、沟通和理解，（曹德明，2007）使语言成为"民心相通"的纽带。

此外，在地球科学这种对国际视野要求高的领域，如果没有条件让大量本科生参加海外地质专业类访学或者海外地质野外实习，就应通过多种方式加以弥补。例如，在授课或在国内开展野外地质实习时，应将国内学习的内容与海外的地质现象广泛联系起来。在讲授某个知识点时，不仅要以国内的地质现象做例子，也要加强中外地质现象的对比；在进行地层对比时，不仅要将华北的地层与华南的地层进行对比，更要用全球视野将它们与国外地层进行对比。再如，可以把中国东部江苏、安徽两省广泛发育的碧玄岩与碱性橄榄玄武岩的岩石学与地球化学特征（Li et al，2016）和世界上其他地区的进行对比，将我国青藏高原、中央造山带、中国东部的地质构造特征与西欧的阿尔卑斯山、南美的安第斯山脉、北美西部科迪勒拉山系进行对比。通过广泛对比和深入讨论，开阔学生的国际视野，帮助学生逐步形成地球科学的全球思维。

（四）学生：转变观念，积极参加国际交流活动

大学生要想成为顶尖人才，就必须树立全球眼光，提升国际交流能力。

一要加强学习，更新观念，拓宽视野，积极有为。很多学生因为自身外语能力、家庭经济条件等因素，觉得提高国际交流能力不是一个紧迫的目标，放松自己，也就失去

了机会。要认真学习与了解最新的实事政策加深对世界多极化、经济全球化的理解，为未来积蓄能量，做好准备。

二要加速提高应用外语进行交流的能力，积极参加国际上认可的外语水平考试。同时，要提高学习能力，在学好专业知识的基础上，利用各种机会，拓展知识面，加强对国际知识和中华传统文化的学习与理解。更重要的是，要提高自身的综合素养，形成保护生态环境、关爱弱势群体、遵守法律法规、尊重文化多样性的意识，培养善于思考、独立生活、合作共事的能力，增强适应时代快速变化、开展国际交流、参与国际竞争的能力。

三要积极主动地用足、用好学校的各种资源，拓宽视野，提升国际交流能力。随着各高校办学国际化条件的改善，国际化资源日益丰富。例如，与不同文化的来华留学生多交往，组织课题组开展交流讨论，举办中外学生联谊活动；经常参加国外学者的讲座和报告会，用好著名学者开设课程的条件，在会上会下、课上课间，积极主动提问，争取与外宾接触交流的机会；要争取以多种形式参与学校召开的各类国际会议的志愿者服务，在接待外宾、制作文案、参与交流等活动中充当重要的角色。

四要根据自己的经济基础和自身情况，积极主动参加学校组织的各类国际交流项目，积极争取国家留学基金管理委员会资助的优秀本科生出国项目和海内外的各种联合培养、实习见习、交流访学项目。通过国外的学习体验，加深对多元文化的了解，提高跨文化交流能力，拓宽自己的国际视野。

第八章　国际化创新型地学人才培养的实践

《国家中长期人才发展规划纲要（2010—2020 年）》明确指出："创新型人才培养模式，建立学校教育和实践锻炼相结合、国内培养和国际交流合作相衔接的开放式培养体系。探索并推行创新型教育方式方法，突出培养学生的科学精神、创造性思维和创新能力。加强实践培养，依托国家重大科研项目和重大工程、重点学科和重点科研基地、国际学术交流合作项目，建设一批高层次创新型科技人才培养基地。"中国地质大学（武汉）矿物岩石学国家级教学团队，按照国家创新型人才培养模式的要求，遵循"立德树人""一德四能"的人才培养理念，将"国家级教学团队、国家级精品资源共享课程、国家级规划教材、国家级实践教学示范中心、国际高水平名师"作为"五位一体"教学体系的基础支撑，以国家理科（地质学）基础科学研究与教学人才培养基地和李四光学院地球科学菁英班为"试验田"，以创新育人理念、改革育人模式为抓手，探索出了"互动式实验教学、递进式野外实践、团队化课题培养、双语化课堂教学、国际化联合培养"等多种形式的人才培养新模式、新方法，为破解"钱学森之问"提供了教学改革的关键路径，具有新颖性、实用性和创新性。互动式实验教学意在锻炼学生独立观察、独立思考和自主学习能力，培养学生理论联系实际和实事求是的科学态度与科学方法。递进式野外实践强调融课堂教学与地质现象观察和野外实习于一体，把课间的短期实习与固定教学基地的系统训练结合起来，促进学生自主观察学习和小组内的团队合作，培养自主发现新问题、解决新问题的能力，锻炼学生的团队精神，增进学生对"艰苦朴素、求真务实"校训精神的理解。同时，野外艰苦的实习环境，贴近人民，增进了与人民群众的感情，培养了学生的家国情怀。团队化课题培养为本科生提供了参与创新团队科研实践的机会，既帮助学生了解科学前沿、社会需求和国家目标，提升自主学习能力和团队合作能力，也锻炼了学生的科研思维并增强了学生的创新意识。双语化课堂教学与国际化联合培养，开阔了学生的国际视野，提高了学生应用外语的能力和跨文化交流能力。以上 5 种教学模式有机结合、互为补充，成为培养国际化创新型人才的有效途径，在教学实践中取得了显著成效。

第一节　互动式实验教学

现代教育学和心理学的兴起与发展，使人们改变了原有的教与学的观念，单纯地向学生灌输知识、学生被动地接受知识的教学方法，越来越受到挑战。（陈纪修等，2000）美国教育和培训界就有一个"学习金字塔"模型（图 8-1），展示了不同的学习方法在效果上的不同。其中，以听讲、阅读、示范演示等方式为主的被动学习，两周后的学习保持率均在 30% 以下，而采用主动的学习方式（包括分组讨论、实践实习、相互教并快速使用），两周后的学习保持率在 50%～90% 之间。显然，减少教师讲课的时间，增加实习课、讨论课和学生互动课，更有利于提高教学效率，实现知识的有效传递和实践能力的培养。随着心理学家对人类学习过程认知规律研究的不断深入，以及多媒体计算机和 Internet 网络教育应用的飞速发展，建构主义学习理论正越来越显示出强大的生命力，并在世界范围内日益扩大其影响力。（陈琦等，1998；何克抗，1998）建构主义源自关于儿童认知发展的理论，由于个体的认知发展与学习过程密切相关，因此利用建构主义可以比较好地说明人类学习过程的认知规律，即能较好地说明学习如何发生、意义如何建构、概念如何形成以及理想的学习环境应包含哪些主要因素等问题。其核心思想可以概括为：以学生为中心，强调学生对知识的主动探索、主动发现和对所学知识意义的主动建构。（梅芸等，2014）从教学方法上来讲，翻转课堂的教学方法能够有效地促进学生完成这一建构过程。

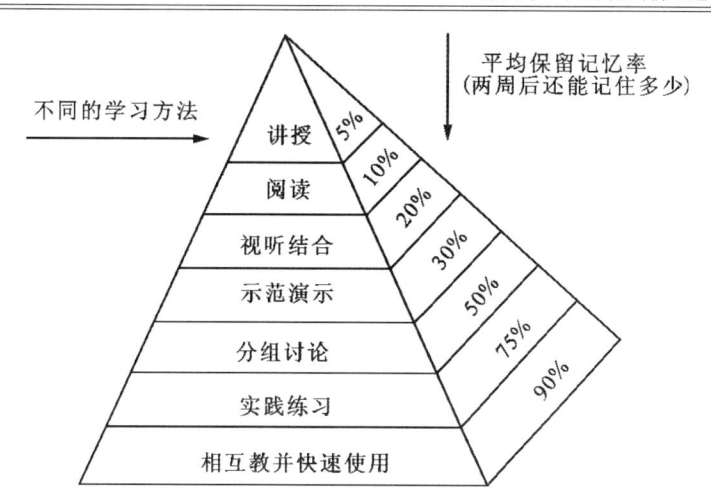

图8-1 美国学者艾德加·戴尔提出的"学习金字塔"模型

翻转课堂是在2007年才开始在美国一些学校流行，直到2011年才为众多教师熟知，并为全球教育界所关注的一种教学模式。（张金磊等，2012；Strayer，2012；Butt，2014；杨红云等，2016）广义的翻转课堂是指通过调整课堂内外的教学关系，将学习的决定权由教师转移给学生。学生在课后完成自主学习，教师则采用讲授法和协作法来满足学生的需要并促成他们的个性化学习。狭义的翻转课堂则主要指在现代信息技术背景下，学生在课前通过网络平台学习教师提供的视频，课堂中采用开展讨论与解决问题的教学方式（王鉴，2016）。尽管严格意义上的翻转课堂模式得益于互联网和信息技术的应用，但就其本质而言，尤其是从课堂上的因材施教和互动特征来看，这种教学方法，其实早在池际尚院士教学时期，就为我校的"岩石学"教学尤其是"晶体光学"和"岩石学"的实习课教学广泛使用。（邓晋福等，2012；王仁民等，2012）

早在20世纪50年代北京地质学院时期，池际尚教授倡导的"晶体光学"和"岩石学"课程教学，都是先在课堂上简要介绍基本理论，让学生通过自学相关教材和《实习指导书》，理解关键的知识点，然后利用实验课一对一地辅导学生，注重因材施教，帮助学生发现现象，认识矿物岩石。（王仁民等，2012）除了重视实践教学、重视培养学生的实践能力外，池教授还特别重视把岩石作为地质体来看待，强调将岩石学研究与寻找矿产资源密切结合，强调岩石学向区域岩石学的前沿领域拓展。（邓晋福等，2012）

近年来，随着现代信息技术的发展，网络教学资源在翻转课堂教学实践过程中所起的作用越来越强。我们除了采取多种措施在实验课教学中加强师生互动和讨论外，还对整个教学模式进行了探索和改革，进一步突出"以生为本"的翻转课堂教学模式，加强实习实践环节，显著提升了教学效果。（桑隆康等，2008；马昌前等，2014）

一、优化互动教学方法，提高课堂教学效果

涉及实验课的"岩石学"课程包括"晶体光学及光性矿物学""岩浆岩岩石学""沉积岩岩石学""变质岩岩石学""高级岩石学""岩石薄片分析"等。这些课程十分强调学生动手能力的培养，实验课学时数一般都高于讲课学时数，尤其是"晶体光学及光性矿物学"课程（"岩石学"课程的先修课程），实验课学时数和讲课学时数的比例达到2.3∶1。因此，抓好实验教学，对于提高学生的学习兴趣、增强学生的自主学习能力至关重要，直接影响到课程教学质量及学生创新能力的培养。

基于本团队探索的翻转课堂教学模式，我们不断优化教学内容，改进教学方法，促进课堂内的师生互动、生生互动机制的形成。下面以马昌前教授执教的岩石学实验课为例加以说明（图8-2）。在课前教师通过QQ空间布置学习任务，学生利用"岩石学"精品课程、超新学术视频网站及教材和《实习指导书》自主学习相关内容。在实验课上90min的时间被分为5个阶段：①课堂准备阶段。教师布置实验课学习任务，并简要复习本次课涉及的核心知识点，该阶段用时控制在10min左右。②独立观察阶段。学生利用显微镜，对所要求实验内容进行独立观察，用时约40min。③师生互动和生生互动阶段。学生对所观察到的现象提出问题，教师进行一对一和一对多的现场辅导和点拨，同时，学生之间也展开小组讨论，交流心得。该阶段用时约20min。④课堂总结。针对本次课学习目标和学生掌握程度，教师对课程难点和普遍存在的问题进行简要补充讲解。该阶段用时约5min。⑤学生自我总结思考，完成实习报告，用时约15min。多年的教学实践表明，这种互动式课堂教学和实验教学，在提高实验教学质量、培养学生创新思维能力方面具有较好的效果。

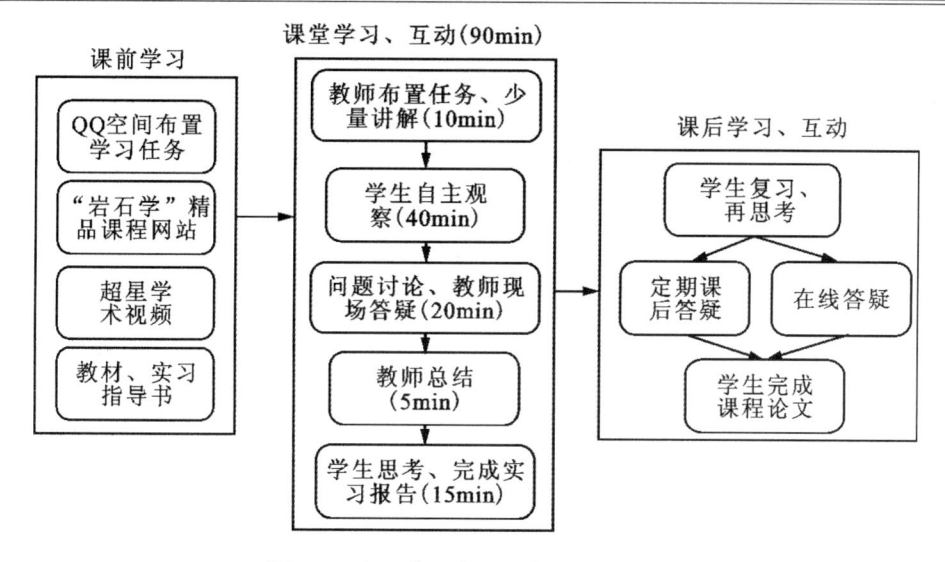

图8-2 岩石学实验课翻转课堂教学模式

同时,马昌前教授在讲授"火成岩岩石学"课程时,也采用了翻转课堂教学模式。在授课过程中,调整了课堂讲授与实验的学时数,大幅度压缩了讲课的学时数,把实验课放在了突出的位置。在课前,同学们认真看视频、读教材、查资料、做作业、准备多媒体器材,思考岩石学问题;在课堂上,学生以小组为单位讲解各自准备的内容,马老师只重点讲解学生提出的有代表性、针对性和典型性的问题和现象,大家一起展开讨论,一起解决问题。课程考核的一个重要内容是要求所有学生分组选题,进行文献调研,完成课程报告。通过3个月的学习,同学们学会了彼此帮助、相互学习和借鉴,同时自主学习能力、思考能力和交流能力也有了很大的提高。通过密切的团队合作,大多数小组最后都完成了一份高质量的课程报告。如徐一夫、王志恒等同学组成的团队的选题为"从英国地学课堂教学看我校的翻转课堂",他们通过查阅国内外相关文献,对英国牛津大学、剑桥大学和帝国理工学院等名校的地球科学教育模式、教学方法、"岩石学"及相关课程的教学内容安排、野外地质实习等方面进行了调研。通过学习,学生从自身需求的角度对我校地质学和岩石学教学提出了很好的建议,如开设一些更加细化的专业课程、完善野外实习机制(如举行野外救助培训)、优化师资配置、进一步推广翻转课堂教学模式、增加人文方面的课程、促进教学资源的公平利用等。

二、运用数字互动平台，改善师生交流体验

岩石内部不同颗粒、不同组分之间的关系，呈现了岩石形成、成矿机制和环境效应的丰富信息，是地质学家必须高度重视的地质现象。在岩石学实验课中，就必须引导学生认真观察各种微观现象，提出新的发现，提供新的信息。因此，实验课为每个学生提供了一种专门的仪器——偏光显微镜。以往，由于仪器设备的限制，在课堂上，师生之间的互动只能限于"一对一"形式，一个学生的发现和疑问难以与其他同学分享并相互借鉴参考。此外，由于不同观察者视力差异，以及实验材料的差别，每个学生通过显微镜所观察到的现象也不尽相同。以上问题给课堂上的高效互动带来了挑战。近年来，显微数码互动实验系统得到了飞速的发展，为显微镜实验课互动教学中的问题提供了很好的解决方案，在需要用显微镜进行教学的生命科学（陈小囡等，2015；师亮等，2017）和地质学（杨锋等，2013；朱章雄等，2015）领域得到了广泛的应用。2009—2012年，团队先后建成了两个岩石学数字显微互动教学实验室，克服了上述困难，实现了"一对多"互动，加强了学生和教师间对显微镜下岩石学现象的讨论、互动和理解，极大地改善了实验课中师生互动交流的效果。

以"晶体光学及光性矿物学"课程为例，以往实验教学中，对于比较难观察的实验内容，教师虽然很容易在镜下帮助学生找到好的观察点，但由于各人眼睛焦距和孔距的差异，学生往往难以真正观察到老师看到的现象。在岩石学数字网络互动实验室，显微镜下的内容可以通过数码显微互动软件和图像处理软件，实时、清晰地显示在学生的电脑屏幕上，使学生和教师看到的内容是一致的，增强了学生对镜下内容的理解。例如贝克线色散现象，由于其颜色非常浅，学生在显微镜中常常难以真正观察到，但在显微互动平台上，通过焦距的调节和计算机图像增强技术，学生基本上都能够清晰地观察到这一现象。此外，通过该互动教学系统的"广播教学"功能，可实现教师与学生间"一对多"的互动；通过"学生演示"功能，可实现学生与学生间"一对多"的互动。学生在发现问题后，通过"显微互动平台"可以和周边的同学或者小组内的同学进行讨论，也可以利用"学生演示"功能在全班范围内进行讨论，在自主学习的基础上，通过团队合作集思广益，最终达到解决问题的目的。

三、依托课程网络资源,融合线上线下互动

"岩石学"及相关课程实践性强的特点,决定了学生必须通过大量的、反复的实验观察才可能将理论与实践融会贯通,从而掌握课程的核心知识体系。然而,实验仪器和教学材料的专业性,又给学生课余的自主学习带来了困难。为解决这一困难,团队录制了"岩石学"和"变质地质学"等课程的全部实验课教学视频,同时还提供对应的多媒体课件,一并上传到精品资源共享课程平台,供学生课前预习和课后复习。例如,岩石学精品资源共享课程网站上就包含"火成岩岩石学"实验课视频和课件各 11 个、"沉积岩岩石学"实验课视频和课件各 8 个、"变质岩岩石学"实验课视频和课件各 10 个。在实验课学习中遇到的困难和获得的学习体会,学生可以通过在课程网站留言以及利用"比较岩石学"QQ 空间等与授课教师进行互动,也可以在下一次实验课时与教师进行线下交流。

在马昌前教授开辟的"比较岩石学"QQ 空间中,就通过要求学生提问、为教材挑错、组织学生完成课程论文等多种互动形式,促进学生思考,培养创新思维能力。

互动式实验教学在岩石学实验教学中的广泛运用,鼓励了学生在实验中发现新现象,提出新问题,并加强了学生与学生之间、学生与教师之间的信息共享和思想交流,激发了学生探索的热情和兴趣,锻炼了独立观察和动手能力、自主学习能力、理论联系实际的能力,培养了实事求是、求真务实的精神。

第二节 递进式野外实践

地质学是一门以固体地球为研究对象的自然科学,主要研究地球的物质组成、结构、演变历史和演变规律。地质学在人类认识和开发利用自然界的过程中发挥着重要作用,为经济社会发展中矿产和能源资源保障、自然灾害防治、生态文明建设等提供了关键科学支撑。地质学的知识创新与应用,必须从不同尺度上对不同类型的地质现象和实际地质材料进行收集、整理、分析,将感性认识和理性认知结合起来,方能获得较好的效果。(童金南,2017)固体地球具有空间范围广泛、演化时间漫长、演变过程复杂的特点,决定

了野外的大自然是地质学研究的天然实验室,实验和野外实践调查是地质学研究的最重要方法。(颜丹平等,2015)因此,实践教学是地质学人才培养的关键环节,无论是过去、现在还是将来,无论是国内还是国外,充分的实验室教学实习和野外考察实践都是培养地学人才的重要途径。(陈骏等,2007)

中国地质大学(武汉)有着悠久的野外教学传统。通过强化实践教学,对塑造学生品格,培养学生不畏艰苦的精神、坚韧不拔的毅力和脚踏实地的态度,起到了独特的作用。中国地质大学(武汉)的地学人才培养采取递进式的实践教学模式始于建校初期,通过长期的努力,建成了多个野外实践教学基地,包括针对一年级本科生的北戴河实习基地、针对二年级本科生的周口店实习基地和秭归实习基地,以及针对三、四年级本科生的毕业生产实习基地,它们是我国地学人才培养的摇篮。进入21世纪以来,随着社会经济和学科的发展,分层次、多尺度开展实践教学,把实践教学与高水平科学研究紧密结合,成为培养创新型人才的重要途径和发展趋势。因此,自2006年以来,我们依托实践教学基地,密切结合岩石学课程体系和课堂教学进程,构建了如下的三阶段递进式实践教学模式。

一、感性认知实践阶段:培养地球科学思维

该阶段是针对一年级本科生在"普通地质学"课程完成之后的暑期野外实践教学,其本质是室内"普通地质学"课程教学的野外延伸。该阶段野外实践教学在北戴河进行。在两周时间内,老师带领学生观察并学会描述秦皇岛地区发育的由外动力地质作用、内动力地质作用形成的典型地质现象,分析地质作用的过程及原因。

该阶段是地质类专业本科生第一次接触到实际地质现象和地质工作,教学目标主要包括以下几方面:

(1)地质知识训练,即将课堂知识与野外现象结合起来,培养学生的地球科学思维能力和时空观念。野外是最好的教学课堂。学生在完成了室内课堂学习之后,配以野外感性认知,更容易全面领会。因此这方面的教学关键是教学内容和教学方式的把握,即在教学内容上如何与室内教学配合,将地质学知识与野外客观素材配套融入学生的脑

海中；在教学方式上如何循序渐进地培养和提升学生的科学认知能力，建立地球科学思维观。

（2）地质技能训练，即掌握野外地质工作的基本技能和方法。首先，虽然在室内实习课中也有对标本的观察实践，但这与野外现场的实际观察还是有很大的差别。一是室内观察标本具有局限性，二是室内观察现象之间缺少直观可见的相关性和宏观整体性。而在野外现场实践中通常可以发现，许多室内标本和书本描述现象与实际地质记录之间存在一定的错位甚至认识错觉，必须两者结合，方能完整领会。这也是每个地质工作者首先要克服的认知障碍和必须要学会的第一个基本技能。其次，这次野外实习是学生从事地质工作的起点，因此最基本的野外工作技能训练当然也是重中之重，如"地质三大件"（锤子、罗盘、放大镜）的使用，地形图和野外记录簿的使用，相关地质现象观察和记录的基本程序、规范和方法。

（3）培养学生"艰苦朴素、求真务实"的精神，体验"快乐地质"。中国地质大学（武汉）以"艰苦朴素、求真务实"作为校训，在本科生的首次地质实践教学中，教师以一丝不苟的教学态度、热情饱满的野外教学精神、严谨求实的教学风格、宽厚温润的处事方式，深深地影响着学生的专业兴趣和地学热情，促进校训精神的传承与发扬。从学生角度来讲，野外的实习过程越是愉悦则效果越好。因此，这一阶段的"快乐地质"教学提倡通过寓教于乐、形象理解和启蒙思维的教学方法，采取野外实践、室内模拟、专题讲座和每日总结相结合的教学方式，使学生始终保持一种快乐而积极、开放而自信的学习状态，最终达到使学生热爱地质、理解和掌握相应地球科学知识的教学目标。（肖军等，2007）

（4）理解人与自然协调发展关系，树立献身地质事业的人生观。在科学素养和社会服务方面，通过引导学生掌握实践技能和地学知识，让他们更好地认识和理解地质学与国民经济发展、社会文明建设之间的有机联系，深化对"地球是我们人类生存的唯一家园"的认识。

总体来说，这一阶段的野外实践教学定位于地质"入门"教育，其重点不仅仅局限于专业内容本身，更是让学生能够真正进入地质行业之门，即掌握本行业最基本的科学知识要点和实践技能，初步具有地质学的科学思维观和专业求索精神，具备自我钻研更深入的地学专业知识的能力。（童金南，2017）

二、专业技能实践阶段：提高解决问题的能力

专业技能实践阶段针对中年级学生，目的是巩固学生的理论课学习成果，提高学生的知识运用能力和就业后的工作适应能力，包括"课间的针对性实践"和"课后的综合性实践"。

"课间的针对性实践"是我们在长期的教学经验总结的基础上，新补充的一种实践教学安排，即在"岩石学"理论课程教学期间，让学生就关键的知识点在野外进行实践运用验证，促进理论知识向野外实践技能的有效转化。本教学团队充分利用2000年以来陆续建立的大别山、红安高桥和校园附近的南望山火成岩、中高级变质岩和沉积岩课间野外实习基地，在"岩石学"课程教学期间，带领地质专业本科生进行2～3次的课间实践教学，取得了良好的效果。例如，马昌前教授每年在讲授"火成岩岩石学"课程期间，都坚持组织学生赴鄂东和大别山开展野外考察和现场教学活动，要求学生返校后提交考察报告，并及时召开学术报告会，训练学生野外观察能力和分析能力，促进了师生的交流和互动。

"课后的综合性实践"是在二年级末"岩石学"课程结束后进行的多学科综合性实习。该阶段的野外实践教学强调的是地质学专业基础知识的全面综合训练，它是在地质学的5门专业基础课（"古生物学""地史学""矿物学""岩石学""构造地质学"）的室内教学全部完成的基础上进行的，教学实践是对学生最全面和最完整的综合地质知识和实践技能训练。该阶段实习时间较长，为4～6周，以常规野外工作方法结合现代高新技术训练为主。该课程目的是在学生对室内所学的基础理论、基本原理加深理解的同时强化野外动手能力，语言、文字、图面表达能力，全面地球科学思维能力和一定的科研意识和创新能力，初步为后续相关课程学习及从事国土资源调查、地质生产、地球科学研究等方面的工作奠定基础。

该阶段实践教学在著名的北京周口店实习基地进行，这里岩石、地层、构造现象丰富，

被誉为地学人才的"摇篮",实习基地岩浆岩、变质岩、沉积岩发育齐全,是岩石学实践的理想场所。在野外实践教学中,我们一方面注重对学生基本地质调查技能的培养;另一方面适度融入科学研究元素,结合专业基础课知识和野外地质现象提出科学问题,并引导学生尝试解决问题,取得了较好的效果。(陈能松等,2009)在周口店的综合实践教学中,本团队教员不仅担任实习队长和业务指导,每年还有4~5名老中青组合的教员负责岩石学方面实践教学的任务,并在教学资源开发、实习教材编写和教学方法改革上开展了大量工作。(陈能松等,2009;李益龙等,2013)

对学生来说,最重要的一点是需要在室内全面地掌握相关基础地质学知识,并将地质学知识灵活运用到野外地质实践中去,逐步达到融会贯通的效果。同时通过与相关知识相配合的野外观察和研究技能训练,逐步学会并熟练掌握相关专业工作技能,从而逐渐成长为具有比较完整的专业知识结构并能够规范且熟练地进行基础地质调查和科学研究的合格地学工作者。另外,在这一阶段的实践教学过程中,比较注重团队的协作,尤其是野外实测剖面和地质填图这两项基本技能的训练均是以团队的方式开展,极大地锻炼了学生的团队精神。

总体来说,这一阶段的野外教学实习的目标是综合地质知识和技能训练。这阶段的实训对地质学专业的学生来说,是大学4年教学中最关键的教学环节,它不仅让学生的地质学基础知识得到全面综合提升,而且为学生提供了专业技能的系统规范培训。因此,将周口店野外教学实践基地比作造就地质学专门人才的"摇篮"是十分贴切的。

三、科研创新实践阶段:增强创新工作能力

高年级的学生实习以往只限于三年级末的生产实习(或毕业设计实习),学生被分配给有科研任务的教师,参与野外实践,并收集资料,完成毕业论文,其主要目的是完成毕业论文和提高学生实际工作能力,为就业做准备。但是21世纪初以来,由于学生培养目标发生了一定的变化,即他们未来的服务主战场除了参与区域地质调查和填图工作外,越来越多的学生将从事与专业相关的更深入研究或者更广阔的科技或社会服务。因此,要求学生除了要掌握与区域地质调查工作相关的基本知识和工作技能外,还需要

具有地质相关专业的深入科学研究及社会服务的能力，尤其对学生的创新能力提出了新的挑战。

为适应新形势下创新型人才培养的新要求，我们重新规划了该阶段的实践教学模式，即以培养学生的实际工作能力和创新思维能力并举为目的，对实践教学模式进行了完善，细分了两个层次，即科研思维培养层次和科研创新实践层次。

（1）科研思维培养层次。在二年级末的周口店实习之后，我们又对地质学专业的学生开设了为期两周的秭归野外实习。秭归实习基地位于扬子地块的北缘，具有从太古宙到中生代的地层记录，三大岩类发育齐全，在地层、岩浆岩、变质岩和造山带蛇绿岩的研究上都取得过重大的成果，但也存在许多尚有争议的问题，是拓宽学生视野，培养其科研思维的理想场所。在为期两周的秭归教学实习中，我们非常注重对学生科研思维能力和科研兴趣的培养，为即将进行的学生专业方向的确定和随后的科研创新实践的选题做好准备。为达到教学目的，我们在教师配置和教学方法上都进行了调整，由教学经验丰富、学术造诣深厚的教授主带路线，采用翻转课堂教学的方式进行教学，加强了师生间的互动。以秭归下岸溪侵入岩的野外教学路线为例，教师在路线介绍中，首先对区域岩浆作用与构造演化关系进行介绍，接下来学生以 3~5 人的小组进行观察记录，形成观点，然后全班集中进行现场交流，再由教师总结，指出遗漏的重要地质现象，对零散的地质现象进行关联解释，并指出其对解决重大地质问题的意义和研究方法，最后再由学生进行补充观察。秭归教学实践岩石路线的选择要精细，备课要非常充分，学生的考核以兴趣研究的专题报告为主，对学生的科研思维和创新意识的形成起到良好的作用。

（2）科研创新实践阶段。该阶段目的是培养学生的科研创新能力。我们从三年级开始，结合野外实践教学和科研项目开展本科生科研选题和研究。团队成员积极接受学生咨询，提供选题方向、讨论选题依据，定期组织组内讨论会，为解决学生在研究中的问题出谋划策。此外，我们还制定生产实习要求和工作规范，督促学生完成各项研究工作。在选定毕业论文题目后，我们为学生创造各种实践机会，并亲自指导学生团队开展野外地质调查，以教师在野外的言传身教，培养学生艰苦奋斗、求真务实的学风，引导学生在野外实践自主观察和思考、发现问题并设计合理的研究方案去解决问题。

四、三阶段实践教学的相互衔接

本项目提出的三阶段递进式的实践教学模式,是一个有机的整体,不仅与相应的室内教学内容密切配合和合理联系,而且各阶段之间也有着密不可分的关联。

感性认知实践阶段的野外教学着重基础教育,以感性认知教育为主,引导培养学生的实践动手能力,以"认知和理解"为基本原则,同时培养学生"坚苦朴素、求真务实"的校训精神,让学生在"快乐地质"的教学过程中树立献身地质事业的人生观。在教学内容上,与室内普通地质学教学内容一致,一些比较专深的内容,如精确的岩性和岩相描述(包括岩浆岩、变质岩和沉积岩)、精确的地层和沉积构造描述等,都是第二阶段教学的内容,不在本阶段涉及。同样,在野外技能训练方面强调罗盘和地形图使用、规范化的野簿记录和地质素描等重点内容的训练,但对地层剖面的精细描述和剖面制图等则是第二阶段的主要内容,在此阶段适当从简。

专业技能实践阶段强调的是综合地质技能训练和对学生野外实践能力的全方位培养,在教学内容上体现了系统性和科学性,从而为以后的专业性工作打下坚实的基础。在基本技能训练方面重点遵照行业规范进行综合实践技能训练。在教学内容上一方面与感性认知阶段紧密衔接,将知识内容由普通地质学扩展到矿物岩石、地层古生物、沉积、构造等各个专业方向,进行全方位、更深入的知识学习和实践训练;另一方面结合地质学各方向的专业知识内容进行更深入的专业技能学习和实践训练,最后达到能够独立进行区域地质调查(填图)的知识水平和工作能力。在此过程中,适当地穿插小专题的研究工作,促进学有余力的学生尽量向更深入地学习地质学知识和训练科学思维的方向发展。

科研创新阶段建立在前两个阶段的基本训练基础之上,是着重于巩固学生各方面的专业基础知识并进行科学思维训练,促进学生地球科学思维与创新能力的全面提升阶段。在科研思维培养阶段,一方面在地质学相关专业方向上进行更深入的知识学习和科学思维训练,另一方面也对学生进行社会服务能力训练。科研创新实践阶段则是密切结合导师的科研项目,针对行业科学前沿,通过具体的生产和科学探索实践,调动学生的专业自主性，促进学生在摸索学习过程中不断前行。这一阶段对学生来说是最重要的专业实战综合训练，是专业创新能力培养的关键。

上述三阶段递进式实践教学模式不仅针对地质学科理论联系实际的特点，还强化了实践教学，而且是适应创新创业人才培养的要求进行的新尝试。经过多年的实践和完善，由浅及深，环环相扣，在创新型地质人才的培养中发挥了积极作用，取得了明显的效果。参加野外实践的学生不仅掌握了野外地质工作的基本方法，提高了自主学习能力，培养了地球科学思维和团队合作精神，还强健了体魄，磨炼了意志，加深了同学友情，培养了艰苦奋斗、求真务实的科学精神，有助于培养学生的家国情怀。

第三节　团队化课题培养

新时代在对具备"一德四能"的国际化创新型人才培养的过程中的一个关键问题是对本科生创新能力的培养。本科生创新教育须注重学生的探索意识、科研能力和创新意识的培养。要给本科生提供更多的训练机会，以期尽早树立科学精神、理解科学方法、培养创新意识、锻炼科研能力，为尽快进入科学领域、接触学科的前沿、了解学科的发展动态、培养学生探索创新能力打下坚实基础。（杨承运等，2003；杜远生等，2004）然而，如何把本科生培养成高素质的创新型人才，如何更为有效地实施本科生科研能力培训、提高科学素养？对这样一个重要问题，国内外专家、学者仍然在探索中，还没有一个成熟的实施模式。这里既有思想观念和精神意识层次的熏陶，也有科技知识和实际能力层面的训练。（邱学青等，2010）若要开设研究型课程，开什么样的课、怎样开课、怎样进行研究型教学，都是需要研究的问题。（赖绍聪等，2011）

近些年来，本科生科研训练（Student Research Training，SRT）在培养本科生创新能力过程中的作用为越来越多的高校所重视。（李翔等，2016）教育部2006年设立的"大学生创新性实验计划"首次在国家层面上对SRT项目给予直接支持。其后越来越多的研究型和教学研究型高校设立了SRT项目，且资助的数量和强度逐年加大，本科生参与科研训练的机会也越来越多。但从学生层面来讲，受到中国传统文化效应和长期应试教育体制的影响，学生形成了崇拜权威、不敢质疑、不愿冒尖的惯性思维，缺乏勇于探索、求真务实、敢为人先的科学精神和团队合作意识，导致学生在科研训练的过程中创新思维和创新能力的发展受到了严重束缚。

针对这种现状，矿物岩石学教学团队以我校的本科生科研训练项目为基础，探索出了团队化课题培养的模式。在这种教学培养模式中，教师以团队形式组织本科生开展科研活动，加强了本科生、研究生（硕士生和博士生）的联动培养（如后经发展形成的本—硕—博计划），依托于现有的科研平台，促进本科生融入科研团队中，而本科生也组成学生团队或兴趣小组，与导师团队对接，合作学习，深化交流，在团结协作的氛围下切实增强自身的创新意识，提高科学实践能力。例如，由2009级本科生周振昊、段皓晨、祁树慧、彭岗杰等8位同学组成的研究团队，在郑建平和杜远生教授组成的导师团队的悉心指导下，对贵州铜仁地区的隐爆角砾岩开展了深入研究。他们合作完成的成果"贵州铜仁枫木寨隐爆角砾岩筒的发现及其地质意义"于2013年获得湖北省第九届"挑战杯"大学生课外学术科技作品竞赛一等奖、第十三届全国"挑战杯"大学生课外学术科技作品竞赛二等奖。

一、推行本科生导师制，促进本科生尽早加入科研团队

导师制将课堂理论学习与生产科研实践紧密结合，将专业技能培养与综合素质的提高融为一体，使个性化发展与团队合作教育协调一致，不仅能够做到因材施教，激发学生的学习兴趣，指引大学生的学习方向和奋斗目标，有利于实用型和创新型专业人才的培养，而且也利于体现导师对学生的人文关怀，增进师生感情，体现以学生为本的大学教育理念，是一项非常好的教育制度。（肖莉，2004；杨仁超等，2012）以往我校导师制实施过程中，本科生只有在三年级进行生产实习之前才开始按专业方向选择指导老师进行毕业生产实习。对双方来说，都存在彼此了解不深入、选择有一定的盲目性的问题，导致部分学生因对选择的毕业设计方向不感兴趣而积极性不高、主动性差，没有在毕业论文设计过程中得到应有的科研能力训练。

针对这一问题，本教学团队将导师制进行了一定的修订，将本科生的导师制提前至二年级。在本科生入学的第四个学期初，即每年的5月份，由导师基于自己的科研项目，

拟定一系列适合本科生进行科研训练的小专题，统一发布给学生。学生根据自己感兴趣的专题，联系相应的导师，通过导师或导师组的面试后，即可确定导师与学生的指导关系。同时，在本科三年级进行生产实习之前即第六个学期，还有一次更换导师的机会，由学生本人提出，经师生双方同意即可，充分体现了以生为本、因材施教的教学理念。

将导师制实施时间提前，一方面可以使学生与导师之间尽早彼此熟悉，有利于学生进行科研方面的选择，另一方面可以促进本科生尽早地融入导师的科研团队，达到以下目的：①学会并掌握科研思想、科研方法、科研过程；②学会查阅文献方法、科研选题方法；③学会申报科研课题，学习撰写进展报告和结题报告的方法；④学会撰写科研论文和熟悉论文的发表过程；⑤培养学生的研究兴趣、创新意识和创新能力；⑥培养学生合作共事和团队协作的科学精神；⑦教会学生如何为人处世，渗透思想品德教育，使学生成为具有吃苦耐劳精神、创新意识和创新能力的大学生。

二、推进本硕互动式科研培养，开展团队式课题研究

在传统的教学模式下，本科生和研究生是两个独立的培养体系。把本科生培养与研究生教育有机地融合在一起，互相促进，将有助于开拓学生思维，从而大大提高研究生与本科生双向的学习兴趣，同时也将有助于形成两者相互支持发展的良好态势。在本硕互动式实验教学方面前人已经进行过一定的探索。（吴元喜等，2009；汪丰云等，2010）

本科生通过导师制选定指导老师后，从事科研训练的过程必然是跟随着导师的科研团队来进行。在这样的团队中，通常都有硕士研究生甚至博士研究生的参与，具有很好的进行本硕互动式科研训练的基础。从通盘考虑团队内学生科研素质提升的角度，可将本科生作为研究生的后备资源，把研究生的课题设计作为本科生的综合设计实验，实现本科生和硕士研究生的互动，有利于发挥学生学习的主观能动性和开拓精神。遵照这一思路，本教学团队主要做了以下几个方面的工作：

1.组织定期组会交流，确定科研选题

本科生自愿加入老师的科研团队后，必须与研究生一起参加定期召开的组会，听取

导师和研究生的科研报告和学术研讨，在此基础上，准备自己的交流素材。每位研究生通过开题报告吸引本科生（2～4人）参与到课题研究中，形成小的课题组；本科生根据研究生的项目要求寻找自己感兴趣的方向，并把研究生课题中的子课题作为综合设计研究内容，通过互动的方式寻找研究课题的切入点。研究生富有创新精神和学科知识，使研究课题设计得更大、更完善；本科生也可以从研讨互动中了解更多的学科前沿知识，学会如何开展科学研究并得到较好的科研综合能力训练。

在学术交流活动中，导师引导学生以怀疑的态度去审视现有理论知识，在能力范围内鼓励学生主动求证前人观点，同时大胆地拓展新思路、提出新想法，激发学生的创新思维和独立思考热情。通过师生共同研讨，为本科生课题组确定科研选题，由课题组中不同的本科生分工合作阅读文献，开展交流，完成课题论文并在组会上交流。学生带着问题来学习知识，教师也针对问题来指导学生，引导学生多视角、多尺度地去分析问题，形成研究方案。在整个培养过程中，团队老师以学生为本，在充分尊重学生的兴趣和发挥学生的学科特长的前提下，帮助学生确定合适的科研选题，并为学生制订个性化的培养方案和科研训练计划，凸显了自主学习、个性发展与创新培养的结合。

在这种本硕互动式科研训练过程中，学生从选题、查阅资料、研究方案设计及可行性论证，到着手实施方案、撰写论文等，主要是在导师指导下的自我探索，无论是对研究生还是本科生这都是一种挑战，既锻炼了学生科研工作能力，又培养了学生的合作精神和集体责任感。同时也有利于在导师的科研团队内形成比、学、赶、帮的学习气氛，不仅让学生掌握了知识，还培养了独立思考、群体合作等方面的能力。

2. 结合各类本科生科研训练计划，开展团队式课题研究

本科生形成了感兴趣的科研选题后，既可以在导师或导师组指导下开展研究，也可以结合学院和学校的本科生创新计划开展研究，如"李四光计划""大学生创新创业训练计划"等。"李四光计划"是中国地质大学面向优秀学生设立的自主学习计划。入选该计划的学生不受培养方案的限制，可以跨学院自由选课。本团队知名教授均承担本科生团队科研指导任务，如郑建平教授就长期担任"李四光计划"学术导师，开办专题讲座，指导学生科研创新。岩石学团队通过指导本科生开展团队式课题研究，激发了学生的科

研兴趣,增强了自主学习能力,培养了团队合作精神和创新创业能力,让更多本科生坚定了未来从事科研工作的决心。

下面以马昌前教授指导的2009级地质学专业本科生"矽卡岩团队"为例。在该班大学二年级学习"火成岩岩石学"时,课程主讲老师马昌前教授就很注重学生的专业基本功培养,要求学生选择课程论文主题时要同时考虑课程的深度和广度;在此基础上,马老师积极鼓励学生参与科研活动、开动大脑、学以致用。大三期间,在具备一定的专业功底之后,该班级中对矿床感兴趣的同学在马老师的建议下组建了一个5人科研兴趣小组,由尹烁担任组长,开展题为"与铁矿相关的矽卡岩矿床的结构样式与岩石流体相互作用"的团队学习和探究,由此得名"矽卡岩团队"。团队的学习和探究主要包括初期的文献阅读交流、后期的野外考察和室内观察与测试,以及最后的毕业论文设计与撰写。"矽卡岩团队"成员江鹏同学回忆说,在团队建立初期,组内成员每周阅读一篇以上有关"矽卡岩型铁矿"的国际论文,总结、归纳论文要点,并在周末分享。但由于论文中出现了大量的专业术语和复杂学术句型,使得文献阅读极为耗时,常常是一周下来都难以将一篇论文读懂。大家并没有气馁,而是分工协作、相互鼓励,经过几个月的积累,随着阅读量的扩大,阅读速度逐步加快,达到了能够在两三天"吃透"一篇论文的水平。这种团队合作的学习方法很快克服了同学们对英语学术论文的恐惧,并逐步养成了良好的阅读习惯。团队交流也是思想碰撞的方式,好的想法经常应运而生,激发了同学们的科研热情。在一次团队交流中,同学们探讨大冶矽卡岩型铁矿中大量磁铁矿的沉淀条件。组长尹烁灵机一动,提出:"磁铁矿沉淀处在'干矽卡岩'阶段与'湿矽卡岩'阶段之间,石榴石和绿帘石分别是这两阶段的特征矿物,如果能在石榴石的边部找到增生绿帘石,那么磁铁矿沉淀的物化条件(温度、氧逸度、流体组分等)就记录在这种矿物环带之间了。"类似的思想火花不止一次迸发,而该小组的同学在团队式课题研究中不仅提高了创新思维能力,还增进了同学友谊,培养了科研兴趣,不少学生最终都走上了从事地质学科研的道路。例如,从本科团队起步,博士研究生尹烁先后在矿物学国际顶尖刊物 AmericanMineralogist 以第一作者身份发表了题为 Textures and high field strength elements in hydrothermal magnetite from a skarn system:Implications for coupled dissolution-reprecipitation reactions(中文题为"矽卡岩体系中热液磁铁矿的微区结构和高场强元素特征耦合型溶解—再沉淀反应的启示")的学术论文,以及在 Lithos 以第一作者身份发表了题为 Geochronology, geochemical and Sr-Nd-Hf-Pb isotopic compositions of the granitoids in the Yemaquan orefield, East Kunlun orogenic belt, northern Qinghai-Tibet Plateau: Implications for magmatic fractional crystallization and sub-solidus hydrothermal alteration》(中文题为"青藏高原北缘东昆仑造山带野马泉矿区花岗岩的年代学、地球化学及 Sr-Nd-Hf-Pb 同位素特征:对岩浆分离结晶和亚固相热液流体出溶的意义")的学术论文。

三、借助科研平台,推动本科生科研水平上新台阶

本教学团队是地质过程与矿产资源国家重点实验室的主要支撑单位。团队利用良好的实验室支撑条件,鼓励本科生结合科研立项和毕业论文选题,组建团队奔赴大别山、昆仑山等野外基地开展地质调查,采取研究样品,并提供经费让学生在国家重点实验室这一高水平创新平台自主进行样品测试分析,系统地培养学生的科研能力。本科生刘兵、张璐、巴金等同学组成的团队在陈能松教授指导下,选择北京周口店实习区官地杂岩和石英二长岩体开展研究,利用我校地质过程与矿产资源国家重点实验室的 LA-ICPMS(激光剥蚀 电感耦合等离子质谱仪)精确测得二者锆石 U-Pb 同位素年龄分别为 25.48 亿年和 1.34 亿年,并于 2008 年在《地质科技情报》发表论文两篇,并获得 2009 年湖北省大学生优秀科研成果奖二等奖。本科生张丽娟等组成的学生团队在马昌前教授和佘振兵教授指导下,在湖北省钟祥地区发现了一种称为"环斑花岗岩"的新岩石类型,这是在华南发现的首例古元古代环斑花岗岩,具有重要的科学价值,其论文发表在 2011 年《科学通报》第 1 期。该生不仅获得了全国"挑战杯"大学生课外科技活动的大奖,还保研到北京大学师从著名地质学家张立飞教授。

经过几年多方面训练的本科生,往往表现突出,成为中国科学院、北京大学、南京大学、中国科技大学等高校和科研机构非常受欢迎的研究生生源。博士生导师、全国优秀博士论文被提名人佘振兵,博士生导师、地球化学系主任汤华云,"李四光优秀大学生奖"获得者鲁江姑,"李四光优秀博士研究生奖"被提名人、中组部"青年千人"候选人熊庆,全国"挑战杯"获奖者周振昊、张丽娟,湖北省优秀博士论文获得者马强等

一大批优秀人才都接受过岩石学教学团队老师的团队化课题培养。

第四节　双语化课堂教学

　　双语教学（Bilingual Education）是指以两种语言作为教学媒介的教学模式。它通常指教师在教学过程中，同时使用学生的母语即第一语言和另外一种语言即第二语言来进行教学。在教学过程中教师有计划地、系统地使用两种语言作为教学媒介组织教学，使学生在专业知识、两种语言能力和这两种语言所代表的文化的学习及成长上均能够得到发展。对我国高等教育而言，双语教学通常是指结合了汉语普通话和英语的教学。我国高校的双语教学是在教育部的鼓励和推动下逐步展开的。实践证明，在高等教育中实施双语教学的确能够实现"适应经济全球化趋势，培养具有国际合作意识、国际交流与竞争能力的外向型人才"这一目标。（密保秀，2013；朱兆民，2013）

　　自20世纪90年代末以来，在"岩石学"中文课程的基础上，岩石学团队就开始先后面向地质学国家理科基地班开设双语或全英文课程"Metamorphic Geology"（变质地质学）和"Igneous Petrology"（火成岩岩石学），后又开设了面向高年级本科生和研究生的岩石学英文课程"Advanced Topics in Igneous Petrology"（高级火成岩岩石学）。在此过程中探索出了多种工作机制相结合的岩石学双语化课程教学模式。这些课程与"岩石学"中文课程互为补充，构成了较完善的岩石学中英双语课程体系。

　　实践证明，团队长期坚持的双语化课程教学大幅度提高了学生的国际交流能力和专业创新能力。

一、优化课程内容，推进"变质地质学"双语教学

　　2010年始，借原国家精品课程"变质地质学"向国家资源共享精品（双语）课程转型的契机，我们将该课程的授课性质从准全英文授课转为双语授课，由陈能松教授负责开发建设，并继续聘请梅森教授组织高水平的中外专家团队负责课程教学。与此同时，围绕培养具备国际视野的创新型地学人才这一目标，"变质地质学"双语课程重新制定教学目标，优化调整教学内容、教学体系、教学方法和成绩评定。主要开展了以下几个

方面的工作：

（一）选择优质原著英文教材，确定先进教学内容

优秀的英文教材是高质量完成双语课程教学的基础条件之一。选取梅森教授和桑隆康教授编著的中国地质大学"十一五"规则教材 Metamorphic Geology 作为"变质地质学"双语课程教材。该书有 3 个突出特色。第一，专业词汇相对少，难易程度适中，文字叙述规范。第二，与国外原版教材不同，该教材不仅介绍了国际上著名经典变质地质体，同时融合了闻名世界的中国大别山超高压变质岩。第三，在写作上，与我国教材以知识体系为主线的编写方式不同，该书以突出案例的叙述和分析为特征，这类编排更适于已具备了普通变质岩石学理论知识的高年级学生。针对该教材在教学内容上偏于岩石学基本概念和岩石类型介绍而变质作用过程理论知识阐述不足的问题，我们进一步充实了与板块构造演化特征相关联的变质作用过程（P-T-t 轨迹），构筑双语课程"变质地质学"的先进教学内容，包括以板块俯冲为特征的区域变质作用，如洋壳俯冲产生的低温高压区域变质作用和大陆深俯冲产生的超高压中—高温区域变质作用，以及以陆—陆碰撞为特征的高—中—低压低温—高温区域变质作用。

（二）坚持以学生为本，构筑探究式课堂

在理论课上，我们首先系统讲解洋壳俯冲、大陆深俯冲、陆—陆碰撞 3 类地质过程特征的差异和这些差异导致的温度压力条件随时间参数的演化路径（P-T-t 轨迹）。接着将这些轨迹叠加在划分变质相的 P-T 图解上，递进式地启发学生思考和领会代表性岩石的矿物组合序列（世代）及其可能的变质反应形式如何随着变质作用条件的变化而变化，并且记录这些变化的非平衡结构和/或变质变形关系的显微构造。在实验课中，通过引导学生对来自世界各地经典标本的自主观察，识别出矿物生长序列（世代）及其可能的变质反应形式和温度压力条件，进而推断与变质作用相关的地质过程。到此，学生终于体验到"见微而知著"的成就感，从而激发出研究岩石的兴趣与冲动，开启学生的创新思维之门。

（三）完善双语考核机制，激发学生创新意识

我们改变以往取多次作业、报告分数的平均值作为平时成绩的简单做法，侧重考查

学生在课堂上用英文提问和回答问题的活跃程度、完成的实验报告和课下作业的质量、英文写作水平等方面。对于逐步进步的、逐渐退步的和波动不定者，分别取其平时成绩的最高分、最低分和平均分作为其最终平时成绩。对于期末成绩，我们首先按照每个学生完成课程考核报告的综合表现打一个初步分，然后按照学生在一周内根据老师对报告点评中提及的改进部分做出相应修改的质量，给出最终期末分。此外，还设立"创新奖励分"，着重考查学生在理论教学课堂、实验课和野外实习中用英文或中文提出问题和回答问题的难度和深度，以及解释疑难问题的思路。教学实践表明，课堂气氛活跃，学生回答问题积极，敢于分析问题，能努力不断改正错误，绝大多数学生通过逐次实验报告的撰写实践，最终能够用英文撰写一份合格的实验报告和课后作业，并能较流利地作一个英文课程考核报告。

二、加强课程建设，开展"火成岩岩石学"双语教学

2010年起，在成功开展"变质地质学"双语教学的基础上，本团队又开始探索"火成岩岩石学"课程双语教学。我们聘请了世界著名岩石学家罗宾逊教授来校，在本团队教员协助下，先后为地质学国家理科基地班和李四光学院地球科学菁英班的学生开设"Igneous Petrology"（火成岩岩石学）英文课程，还为地质学专业高年级本科生和研究生开设"Advanced Topics in Igneous Petrology"（高级火成岩岩石学）等课程。

通过多年的教学实践，形成了完整的以外籍专家为主、国内教师为辅，英文授课、双语答疑的教学机制。在40学时的"Igneous Petrology"（火成岩岩石学）课程中，我们安排了13次讲课，7次实习。理论课由罗宾逊教授采用全英文方式讲授，每次实习课也由罗宾逊教授亲自指导，并由团队年轻教员或研究生担任助教，还布置了讨论课和课外作业，训练了学生的英文表达和理解能力。他的教学内容突出了火成岩成因分析和方法论，与我校重视岩类学分析的岩石学中文课程教学计划构成了很好的互补关系。"Igneous Petrology"（火成岩岩石学）课程与"岩石学"中文课程有机互补，为培养学生国际交流能力和创新思维能力提供了又一个重要平台。

2016年，我们又引进了著名地质学家、加拿大岩石学教授多士道博士来校讲授"岩

石学"课程，对充实我校的全英文授课课程起到了示范和带动作用。该课程聚焦于火成岩形成过程和基本原理方面，在介绍研究火成岩体系所需的理论和化学概念后，还试图将这些技术应用于常见的火成岩组合中，建立成因模型。

在授课之前，多士道教授会把讲课材料提前分发给学生。为了让学生更好地理解岩浆作用过程和基本原理，帮助学生进行数据分析，使他们熟练掌握火成岩岩石学家常用的工具，该课程要求学生在实验室实习过程中，结合计算机和电子表格来完成相应的练习。

多士道教授要求课程结束后，学生能够做到下列几点：①能正确使用实际矿物、化学成分和标准矿物，对火成岩进行规范的分类命名；②正确鉴定手标本和薄片中的火成矿物，描述和解释岩石的结构；③解释部分熔融过程中硅酸盐岩石行为，以及结晶过程中硅酸盐熔体的行为；④利用变异图和分异指数解释火成岩套的地球化学资料；⑤认识分配系数在理解火成岩同源岩套地球化学特征、推断其源岩特征中的重要性；⑥能描述不同构造环境下的火成活动；⑦总结火成岩组合的成因；⑧针对一个火成岩问题/项目，进行交流展示。

该门课程的主要教学方式如下：

（1）理论课。主要是老师讲授理论知识，以基本的知识点为主，穿插比较前沿的专题，引导学生现场提问和讨论，教师针对学生比较感兴趣的内容，当堂解释或者在下次课程中进行扩展。

（2）实习课。主要为薄片鉴定、模拟计算、实验数据处理等，形式多样，达到了学以致用的效果。

（3）学生口头报告。学生自主选题，以PPT的形式，每人15min在课堂上作口头报告，锻炼了学生的口头表述能力。

（4）学期课程论文。学生自主选题，要求与口头报告的内容不同，提交5~6页的学期课程论文，锻炼了学生选题、写综述的能力。

（5）闭卷考试。针对主要知识点出题，考查学生对课程基本概念的掌握程度，题目难度适宜，基本上是课程的总结。

课程成绩的计算方法是：考试成绩占课程总成绩的40%，实验室成绩占课程总成绩的20%，课程论文成绩占课程总成绩的20%，口头报告成绩占课程总成绩的20%。

以上不同环节各占一定的比例，以全英文的形式呈现，从听、说、读、写四方面全方位地讲授高级火成岩的知识，授课内容比较前沿，教师授课风格幽默风趣，经常和学生互动，尤其是口头报告环节，教会了学生作学术报告的技巧，为学生今后的科研交流打下了良好的基础，总体来讲该课程教学效果较好。

课后，多士道教授对该课程进行了总结。他认为，中国地质大学具有优秀的师资队伍和完善的实验室教学设施。尤其是岩矿系收藏的手标本和薄片令人印象深刻，实验室技术人员为该课程提供了非常好的支持，并能为本门课程的授课提供所需要的材料支撑。他还指出，学生渴望学习，热情高涨，在地质学方面都有很好的学科背景。他们的英语基本功扎实，能够满足课程的语言要求。学生通过完成学期论文，展示了从文献阅读到理解和总结相关主题的能力。每个学生都对所选择的火成岩石学主题作了口头报告。15min的演讲之后是提问时间，学生提出的问题也增进了对相关主题的有益讨论。学生还通过填写问卷对同伴的演讲（展示、主题知识和讨论情况）做了评估。

三、更新教学资源，强化中文课程双语化建设

为与"变质地质学"和"火成岩岩石学"课程双语教学更好地对接，我们还加强了岩石学中文授课课程的双语化建设。例如，在《岩石学》（第二版）教材中，提供了三大类岩石重要专业术语的中英文对照，包括正文中对重要术语同时标注中文和英文、书后附录提供中文术语和英文术语索引等。在"岩石学""晶体光学及光性矿物学"等中文课程的多媒体课件中，我们注重引用经典的英文素材，并标注了重要术语的中英文名称。本团队在岩石学中文课程授课过程中，还有意识地引导学生查阅中英文文献，完成以"国际理解课程论文"为题的论文。这些举措不仅提高了学生在专业领域的国际交流能力，还开阔了学生的国际视野。

由于岩石学团队长期坚持"岩石学"课程双语教学，学生的英语交流水平和创新思维能力得到大幅度提高，不少具推免研究生资格的学生获得学校提供的国外高校暑期体验计划资助，部分学生主动与国外教授联系并获得海外求学机会；有的学生担任"第二

届亚洲特提斯造山与成矿国际学术讨论会暨丝绸之路高等教育合作论坛"志愿者；部分学生能在后续课程中用全英文非常出色地完成课程报告。长期在我校工作的罗宾逊教授来信说，在他任教的6年中，学生的专业英语交流能力整体上有了大幅提高，自信心更强，国际视野日益开阔。

第五节　国际化联合培养

伴随经济全球化、社会信息化的迅猛发展，高等教育国际化已经成为当今世界高等教育领域的基本发展方向，它既是高等教育自身本质属性的反映，又是经济全球化、社会信息化对高等教育的现实需求，更是各国政府推进教育现代化的重要战略举措。大力推进高等教育国际化，全面提高我国高等教育国际化质量与水平，对我国实现高等教育现代化，成为人力资源强国，具有重要的战略意义与实现价值。（郗正荣，2016）高等教育国际化是高等教育发展的必然趋势。推进高等教育国际化，不仅是经济全球化、社会信息化的时代要求，更是国家使命、地方需要，以及全面提高高等教育质量的必然选择。

20世纪80年代以来，随着经济全球化的发展、冷战的结束，以及世界各国高等学校自主权的不断扩大和市场竞争机制的引入，各国高等院校开始根据自身特点，制定相应的国际化发展战略，将国际化纳入高等学校办学过程之中，国际化成为大多数院校办学战略中不可缺少的重要内容，高校逐渐成为推进高等教育国际化的主体力量之一。21世纪以来，随着信息技术、互联网技术的飞速发展，加速了世界范围内全球化发展的步伐，在互联网时代，人类的学习行为正在进化，在高等教育领域，学校课程与教学模式正经历一场数字化、网络化、全球化的历史性变革，以移动互联网、社交网络、云计算、大数据为特征的新一代信息技术的发展，让教与学可以不受时间、空间和地点条件的限制，高等教育学习资源借助网络媒介得以大规模、扁平化传播，知识获取的方式已发生了根本变化。学习者自主地接受国际化教育也成为可能，学习者也逐渐成为高等教育国际化的一个独特的新主体，高等教育国际化的实施主体将进一步下移。（陈昌贵等，2008；钟秉林，2013；朱兴德，2014；文君，2017）

加强国际化的联合培养，是培养具有国际视野的创新人才过程中最重要的一环。借助于学校的各类国际化办学资源，本教学团队主要从以下几个方面进行了国际化教学的尝试：

一、依托国际交流项目，助力本科生国际化交流

中国地质大学（武汉）设立了多种本科生短期国际化联合培养的项目。教学团队成员积极组织本科生申请这些项目，推进本科生国际化交流进程。

（一）优秀本科生海外科研训练项目

该项目资助优秀本科生进行联合培养和国际交流。经学生自愿申请，学院根据学生学习成绩和科研潜力进行综合评定，分层次选派优秀本科生出国（出境）学习和国际交流。对推荐免试攻读本院硕士研究生的大四学生，学院全额资助学生进行3～6个月科研训练和学习（如到海外知名高校或实验室学习、完成毕业论文、进行双学位研究生培养等）；半额资助高年级学生（本科三、四年级）到海外知名高校进行1～6个月的科研训练和学习；半额资助低年级学生（本科一、二年级）利用寒暑假时间到海外知名高校进行短期学习交流。

（二）推免生国际交流项目

该项目主要针对已经推免到本校进行研究生阶段学习的校内、校外四年级本科生（简称"推免生"），资助他们进行海外科研学习、交流活动。对于英语成绩满足要求的推免生，在办理完推免手续后，由本人提交国际交流申请表，经研究生导师同意，在导师指导下积极开展海外学习交流，并按期回国继续进入研究生阶段学习。为了保证推免生顺利完成本科学业，提高国际交流的实效，推免生需在3月份提前进行本科毕业论文集体答辩会，答辩通过后再出国学习。推免生在国外研修时间不超过3个月，且须在8月31日前返回学校，以确保正常进入研究生阶段学习。

二、立足国家战略需求，拓展本科生国际视野

随着中国的工业化进程进入了快速通道，国家的发展对地球科学的研究水平和矿产资源的保障能力提出了更高要求。岩石和矿产资源分布的全球性和区域性特点，决定了

一个国家矿产资源的配置必然要走国际化和多元化的道路。充分利用两种资源、两个市场，立足国内，面向全球，开展地球科学的比较研究，把握矿产资源的全球分布规律，对于提升我国地质学研究水平和资源保障能力，至关重要。这是地质学服务于国家战略需求的重要切入点。

近年来，中国地质大学（武汉）以服务"一带一路"建设为抓手，大力实施教育国际化战略，为学校的持续发展注入了强劲动力。2014年，学校成立了丝绸之路学院，致力于面向"一带一路"互联互通培养高层次人才，开展"一带一路"地质资源环境的协同研究，为"一带一路"建设和沿线国家产业发展提供高水平人才支撑、科技服务和决策咨询，深化"一带一路"人文交流。（马昌前等，2017）以丝绸之路学院为依托，启动了面向本科生的国际视野和国际竞争力的国际化联合培养计划。该计划的实施，为培养具有国际视野的高素质创新型人才探索了新路，提供了有益的借鉴。

拓展学生的国际视野，最基本的是要鼓励学生用参与国际科技合作和全球竞争的标准来分析自己应具有的智能结构和综合素养，用全球观审视事业的发展方向和个人的培养目标，从而提高自己参与国际交流的主动性和积极性，不断提升综合素养和国际交流能力。鉴于此，中国地质大学（武汉）和岩石学团队采取多种形式，宣传"一带一路"建设，实施教育国际合作，增进学生对多元世界的理解，拓展国际视野。（马昌前等，2015）采取的措施包括以下几项：

一是举办国际会议，开设"名家论坛"。从2012年起，我们先后成功主办了"矿产资源合作开发国际研讨会""亚洲特提斯造山与成矿国际学术研讨会暨丝绸之路高等教育合作论坛""丝绸之路青年领袖论坛""丝绸之路大学校长论坛""地球科学创新人才培养国际研讨会"等重大国际交流活动，先后吸引50余个国家的著名学者、大学校长、青年领袖、驻华使领馆官员参加会议。每次重要会议，都选拔本科生担任会议志愿者，承担会务组织、重要来宾接待等工作，组织学生旁听重要演讲，辅导学生提出问题、参与讨论，锻炼了学生的国际交流能力和表达能力，也提升了综合素养。此外，我们还以"科教联通丝路，青年引领未来"为主题，邀请世界著名地质学家和大学校长来校开设"名家论坛"，对"一带一路"地质演化、矿产资源禀赋、油气和地热资源分布规律、地质灾害及高等教育等进行专题研讨。例如，杰米·理查德（加拿大）、沃尔特·穆尼（美国）、耶尔德勒姆·迪莱克（美国，国际地质科学联合会副主席）、朱利安·皮尔斯（英国）、拉吉斯拉夫·帕兰卡斯（克罗地亚）、阿瑞尔·沃克（土耳其）、哈桑·米尔内贾德（伊朗）、热汗·斯蒂秋（巴基斯坦）、德·钱德拉塞卡（印度）及穆罕默德·阿尼克（印度尼西亚大学校长）等学者，极大地激发了师生的兴趣和热情。

二是实施学生互访，体验多元文化。近10年来，我们基于专业发展的需要，加大力度与国外大学的合作，重点建立了本科生访学和交流机制。先后与英国剑桥大学，法国巴黎第六大学、里尔大学，德国卡尔斯鲁厄理工大学，澳大利亚悉尼大学，美国休斯顿大学、密歇根大学、俄亥俄州立大学、阿尔伯特大学、布莱恩特大学，加拿大滑铁卢大学，俄罗斯莫斯科大学等建立学生互访和交流机制。在教学中，常常采用中外学生混合编班的方式，促进了学生间的交流和合作。习近平主席提出"一带一路"建设的重大倡议后，我们进一步加强了与沿线国家的联合培养，深化了师生交流。例如，我校接待了伊朗德黑兰大学和霍尔木兹大学来校交流，实现了与巴基斯坦真纳大学和政府学院大学的本科生交流访学；组织校内的中外学生定期开展"一带一路"沿线国家的国情交流；支持中外学生发起了"丝路论坛"，每周由一位中国学生向来华留学生介绍所在省的省情，同时"一带一路"沿线国家的来华留学生介绍他们的国情和区域概况，从而加深了中外学生友谊，促进了跨文化交流。

三是积极探索联合培养新模式，造就一批视野宽阔的创新型人才。自2006年开始，我校通过学生互换、校际交流、互免学费、互认学分、联合培养等多种形式，探索了"2+2""3+2""2+1+2"等多样化的人才培养模式，与美国密苏里大学、加拿大滑铁卢大学、俄罗斯莫斯科国立大学、澳大利亚麦考瑞大学、悉尼大学、塔斯马尼亚大学、法国里尔大学、法国巴黎第六大学、美国伊利诺伊理工大学等开展合作。在此背景下，岩石学团队采取多种措施，促使本科生的国际联合培养走向了系统化、规范化的轨道。

（1）多方争取资源，形成多元化本科生国际交流资助格局。为了成功争取国家留学基金管理委员会的"优秀本科生国际交流项目"，注意发挥知名专家学者的作用，提前制订好联合培养方案，签订谅解备忘录，明确双方合作的责任和义务，界定学生选拔机制和录取标准,明确在境外的管理方案,确定学分互认和回校后的交流机制。依托学校设立"本科生国际交流基金",鼓励学院和导师配备相应经费,提高资助力度。对品学兼优且家庭困难的学生,给予全额资助。

(2)建立双导师制,确保联合培养务实高效。双方导师共同确定研究题目,共同选拔对合作课题感兴趣、发展潜力大的优秀学生。学生出国后,加强交流,共同督促,采取多种措施,用足双方的实验室、研究基地等学术资源,支持学生广泛开展学术交流活动。

(3)用好校友资源,把人才培养与科研合作融为一体。近20年来,团队先后有一批优秀学者赴海外留学,有的已经成为本专业优秀学者并在国外重要学术机构任职。通过这些优秀校友,拓展了大学生的交流与合作。例如,我校地质学专业1996届毕业生王国权,目前是美国休斯顿大学地球科学系副教授,他成功申请了美国自然科学基金,资助在美学生来华开展教学实习,在我校开展中美学生的联合培养,同时,选拔优秀的学生赴美继续深造。

四是组织全球矿产资源分布调研和资源战略研讨,帮助学生拓宽国际视野。近年来,我们结合"岩石学"等专业课程教学、大学生课余科研活动,组织本科生开展全球矿产资源分布调研与"一带一路"建设研讨,完成"国际理解课程论文"。以发展学生的创造性思维、学习能力、综合分析能力为目标,以训练建立"全球视野,大数据思维,比较的方法,关键的问题"的科学方法为重点,分别由学生承担铁矿、锰矿、铬铁矿、铜矿、镍矿、铅锌矿、钨锡矿、汞矿、锑矿、金银矿、钛矿、铝矿、钼矿、钴矿、铂族矿、稀土矿、锂矿、铍矿、锆铪矿、铟、铼、锗、镓等金属矿产,钾盐、磷矿、石墨、萤石、硫矿、硼矿、菱镁矿、重晶石、石膏、宝玉石等非金属矿产,以及石油、天然气、煤、铀矿等能源矿产分布状况的调研,学生在获得第一手资料的基础上,围绕区域地质与资源环境灾害效应、国别资源禀赋、社会发展与国际合作、国别法律法规、投资环境与合作风险评估等方面进行深入思考,相互启发,注重交流,认识国情,拓宽视野,取得了很好的效果。2013级地质学国家理科基地班班长卢文华说:"通过文献资料的分析,深感美国作为世界超级大国在科技领域的强大。美国地质调查局矿产资源数据库中记录了全球范围内所有矿种的资料，矿床总数就超过30万个。一个国家总的自然资源量是'天生的'，但掌握的矿产资源却取决于人。看到了差距，要使我们的国家在矿产资源领域有更大的话语权，我们任重道远。"2013级地质学国家理科基地班团支部书记徐珍在调研了全球的磷矿资源后说："20世纪，摩洛哥和美国的磷矿石出口一直稳居全球前两位，1996年后，美国停止了磷矿石的出口，改为进口磷矿石，加工成磷肥后再出口，利润大幅度提升，摩洛哥的磷矿石出口也大幅减少。目前，中国的磷矿石出口已经跃居世界首位。磷矿是不可再生资源，我们应该减少粗放型磷矿石的贸易，更注重深加工，提高矿产资源的利用率。"2013级地质学国家理科基地班的王富康同学说："我国以占世界二分之一的锑矿储量为世界提供了四分之三的产量，我国应该调整策略，以中国的长远利益为着眼点，走可持续发展的道路。"从这些本科生的研究可以看出，通过对全球矿产资源分布的调研与"一带一路"建设研讨，学生不仅加深了对国情的认识，而且能把国家利益放在全球的背景下去思考，并提出自己独到的建议。因此，团队通过将岩石学专业课与国际理解研究有机结合，既促进了学生"家国情怀、国际视野"的培养，又增强了学生的创新创业意识。

三、搭建多元化国际交流平台，提高学生的国际交流能力

一是聘请世界著名地质学家来校担任主讲教师，努力提高本科生的国际交流能力和专业素养。1999年以来，先后聘请了梅森教授（中国政府"友谊奖"获得者）、罗宾逊教授（中国政府"友谊奖"获得者）、多士道教授等多位国际著名地质学家来校长期开设本科生全英文授课的"岩石学"课程。此外，我们还不定期地邀请国际知名学者，如德国波兹坦亥姆霍兹地球科学研究中心韦登贝克博士和沃斯博士，来校为本科生和研究生讲授短期培训课程。他们的课程，不仅帮助大学生提高了英语交流能力，还引进了先进的教学理念、教学方法和教学素材，为学生严谨治学提供了示范。

二是建立国际交流平台，邀请著名学者来校开设短期课程。2007年，经国家外国专家局和教育部批准，学校建立了"壳幔交换动力学"创新引智基地，与国际上顶尖的地球物质科学研究团队建立了密切的合作关系。2012年，我校发起成立了"地球科学国际大学联盟"，先后有美国斯坦福大学、劳伦斯国家实验室、加拿大滑铁卢大学、澳大利

亚昆士兰大学、澳大利亚麦考瑞大学、法国巴黎第六大学、德国卡尔斯鲁厄理工大学、俄罗斯莫斯科大学、中国香港大学、英国牛津大学等世界著名高校加盟，为开展科技和教育国际合作与交流，提高本科生的培养质量奠定了坚实基础。岩石学团队不仅积极参与组织联盟高校的著名科学家来校开办专题性暑期学校和短期课程，还支持和资助学生赴境外参加交流，为学生提供更多的国际交流的历练机会。

三是全面拓展专业英文的学习机会。先后由桑隆康教授和陈能松教授负责，建立了"变质地质学"双语课程。课程定位于国家理科基地班高年级学生双语教学专业课程。2008年8月，该课程通过教育部评审，成为"国家双语教学示范课程"，2010年被评为"国家精品课程"，2013年又入选"国家精品资源共享课程"建设名单。此外，桑隆康教授等还编著出版了《汉英英汉地球物质科学术语词典》（2008，中国地质大学出版社），他和马昌前教授主编的《岩石学》（第二版）（2012，地质出版社）也全面标注了重要术语的英文词汇，为提高学生专业领域的国际交流能力奠定了良好基础。

四是促进中外学生文化交流。近年来，每年在为本科生开设"岩石学"课程期间，建立了中外学生结对子的常态化机制，营造多元文化氛围，推动中外学生互帮互学，增进了解，促进民心相通。同时，组织中国学生与国际学生举办座谈会和学术研讨会，介绍各自国家和地区的岩石及矿产资源的分布。例如，2014年以来，每两周组织一次的"丝路系列"研讨会，由中外学生同台研讨丝绸之路沿线国家和地区的岩石类型、矿产资源分布、地质构造演化等重大科学问题，提升了中外学生的跨文化交流能力。

参考文献

[1] 杨春林. 高职院校国际化师资队伍人才培养现状综述[J]. 中文科技期刊数据库(全文版)教育科学, 2022(3): 4.

[2] 朱红宇. 新形势下国际化人才的跨文化能力要求与培养思路[J]. 对外传播, 2022(3): 39-41.

[3] 袁瑞, 谢艺, 王燕飞. 探索加强高校国际化人才培养实践成效的路径研究: 以南京审计大学为例[J]. 大学: 研究与管理, 2022(7): 75-78.

[4] 郑亚莉. 高职院校复合型国际化人才培养的问题与路径[J]. 国内高等教育教学研究动态, 2022(5): 1.

[5] 汪明镜. 双高院校装饰专业国际化人才培养的问题与路径: 基于"互联网＋智慧教学"背景[J]. 大众文艺: 学术版, 2022(24): 3.

[6] 柯丽菲, 赖敏. RCEP背景下高职院校国际化人才培养路径研究[J]. 沿海企业与科技, 2022(6): 5.

[7] 陈羽茜. "一带一路"倡议下我国新型国际化人才培养路径[J]. 办公室业务, 2022(14): 3.

[8] 岳芳. "一带一路"背景下地方高校国际化人才培养路径研究[J]. 老字号品牌营销, 2022(2): 187-190.

[9] 汪虹. 我国高职教育国际化人才培养存在的问题与培养路径[J]. 世纪之星—交流版, 2022(9): 0159-0161.

[10] 刘亚全. 基于世赛时装技术项目探究国际化技能人才培养路径[J]. 中文科技期刊数据库(全文版)教育科学, 2022(9): 3.

[11] 郭明华. 加强属地化人才队伍建设 突破国际化人才建设瓶颈 [J]. 国际工程与劳务, 2023(3): 4.

[12] 李思贤, 王怡娴. 提质培优背景下高职院校国际化发展路径分析 [J]. 中国科技期刊数据库 科研, 2023(3): 4.

[13] 李思. 关于贯通培养国际化高端技术技能人才的思考 [J]. 北京财贸职业学院学报, 2023, 39(1): 6.

[14] 边晓亚, 陈嘉伟, 陈旭勇, 等. 研究生工作站国际化素质教育人才培养体系框架构建 [J]. 高教学刊, 2023, 9(6): 5.

[15] 肖乐, 钱振江, 夏瑜, 等. 国际化应用型人才培养模式的探索与实践探究 [J]. 江苏科技信息, 2023, 40(3): 5.

[16] 韩福乐, 周延涛. 省属高校国际化创新型人才培养现状及对策：以河南省属高校为例 [J]. 神州学人, 2023(3): 6.

[17] 柏广才, 袁刚, 王亚, 等. 高职院校国际化人才培养存在的问题与对策：基于"双高计划"背景 [J]. 江苏经贸职业技术学院学报, 2023(1): 4.

[18] 张淑娴. 基于新文科背景的中原国际化人才培养模式探究：以信阳农林学院为例 [J]. 中文科技期刊数据库（全文版）社会科学, 2023(3): 3.

[19] 汪璐. "双一流"战略下高校培养具有家国情怀的国际化人才研究 [J]. 知识经济, 2023(3): 3.

[20] 刘庆. 高等教育国际化视域下高校跨文化人才培养研究 [J]. 黑龙江教育：高教研究与评估, 2023(1): 4.

[21] 顾聪, 宋慈. 探究基于研究生教育国际化视野的拔尖创新人才培养 [J]. 中文科技期刊数据库（全文版）教育科学, 2023(3): 4.

[22] 刘宁馨, 金晶. 国际化人才培养文献综述研究 [J]. 中国集体经济, 2023(2): 4.